重塑商业

[美] 蕾贝卡·亨德森 _ 著

劳佳 _ 译

民主与建设出版社
·北京·

© 民主与建设出版社，2023

图书在版编目（CIP）数据

重塑商业 /（美）蕾贝卡·亨德森著；劳佳译. --北京：民主与建设出版社，2023.3
书名原文: REIMAGINING CAPITALISM IN A WORLD ON FIRE
ISBN 978-7-5139-4188-4

Ⅰ.①重… Ⅱ.①蕾… ②劳… Ⅲ.①商业模式—研究 Ⅳ.①F71

中国国家版本馆CIP数据核字（2023）第089680号

Reimagining Capitalism in a World on Fire by Rebecca Henderson
Copyright © 2020 by Rebecca Henderson
This edition published by arrangement with PublicAffairs, an imprint of Perseus Books, LLC, a Subsidiary of Hachette Book Group, Inc., New York, New York, USA through Bardon-Chinese Media Agency.
Simplified Chinese translation copyright © 2023 by Beijing Xiron Culture Group Co., Ltd.
All Rights Reserved.

著作权合同登记号：01-2024-0095

重塑商业
CHONGSU SHANGYE

著　　者	［美］蕾贝卡·亨德森
译　　者	劳　佳
责任编辑	廖晓莹
封面设计	王雪纯
出版发行	民主与建设出版社有限责任公司
电　　话	（010）59417747　59419778
社　　址	北京市海淀区西三环中路10号望海楼E座7层
邮　　编	100142
印　　刷	三河市中晟雅豪印务有限公司
版　　次	2023年3月第1版
印　　次	2024年3月第1次印刷
开　　本	700mm×980mm　1/16
印　　张	18.25
字　　数	180千字
书　　号	ISBN 978-7-5139-4188-4
定　　价	68.00元

注：如有印、装质量问题，请与出版社联系。

致吉姆和哈里

— **本书赞誉** —

这本书论证有力、文字通畅，堪称重塑商业的号角。市场经济曾经创造了生产力的快速增长和共同繁荣，但在过去的40年里，它的作用已经大打折扣。权力平衡向有利于大公司和游说集团的方向转变，基本法规被破坏，企业和富豪在生活的各个领域的发展能力不断增强，而政府也不愿意采取措施保护最弱势的公民，这些都可能是美国经济生产率增长减缓和不平等现象剧增的原因。蕾贝卡·亨德森认为，市场体系是可以改革的，而且可以在不对企业造成过度伤害的情况下实现。我们可以拥有一个更有道德、更具创新性的商业。希望还在！

——德隆·阿西莫格鲁，《国家为什么会失败》合著者

如果你对当今的经济争论不满意——似乎常常在无节制的市场和老派的集体主义之间提出一个没有吸引力的选择——那你需要读一读蕾贝卡·亨德森的这本书。亨德森提供了一个奖励主观能动性并尊重自由企业力量的体系，但也认识到我们的生活中有比单纯的利润最大化更崇高的使命。这是一本给有爱心的现实主义者的书。

——亚瑟·布鲁克斯，哈佛商学院高级研究员，《爱你的敌人》作者

蕾贝卡·亨德森既优雅地阐述了社会面临的巨大挑战之一，又以清晰的视野为实际和必要的变革制定了路线图，笔力精湛。这是一本上好的读物，充满了深刻的见解，还有令人耳目一新的观点，既新颖实用，又具有开创性，为过渡到既有利可图又公正且可持续的商业提供了明确的步骤。

——明迪·柳伯，环境责任经济联盟（Ceres）首席执行官兼总裁

蕾贝卡·亨德森对企业在社会中的使命做出了发人深省的思考。在她的新书中，她推动了关于企业在解决我们时代的重大社会和环境挑战中的作用的对话，是一场重要对话中的重要声音。

——董明伦，沃尔玛公司总裁兼首席执行官

在这个燃烧的世界里，维持现状并不是一个好的选择。蕾贝卡·亨德森非常及时地提出了重塑商业，并就应对世界上一些较大的挑战所需要做的事情提出了发人深省的想法。

——休伯特·乔利，百思买前董事长兼首席执行官

对于每一个与我们的经济体系有利害关系的人而言，这是一本必读的书，因为商业所面临的不可避免的现实是要么改变，要么死亡。问题是如何改变。蕾贝卡·亨德森为投资者和企业高管提供了思想领导力和令人信服的实例，为理解如何实现可持续和包容性经济增长奠定了基础。

——水野弘道，日本政府养老金投资基金（GPIF）前执行董事总经理兼首席投资官

这是一本突破性的书，文笔优美，集深刻的人性、敏锐的智慧和透彻的商业知识于一体。它严格地破除了关于商业为什么不能转型的旧论点，并将触及那些尚未投身于深层变革需求的人。

——林赛·莱文，"未来守护者"（Future Stewards）创始合伙人

蕾贝卡·亨德森以其清晰的思维和极大的热情，为建立使命导向型组织提供了一本一流的指南。在气温上升、信任度下降的时代，这是通往成功的最可靠的道路。

——安德鲁·麦卡菲，《第二次机器革命》和《人机平台》合著者

蕾贝卡·亨德森将研究和个人经验交织在一起，清晰而富有远见，阐明了企业通过引领当今最具挑战性的问题而同时使自身和社会受益的潜力。读它，会对未来充满希望。

——朱迪·塞缪尔森，阿斯彭研究所副总裁

这本书是一股新鲜空气。亨德森用生动的散文写成，非专业读者也很容易理解，书中充满了有趣的案例研究，她全面调查了我们需要什么来确保一个可行的未来。有些读者可能会认为她在某些地方讲得太过，有些人可能会认为她讲得还不够，但每个人都会去思考她敦促我们创造的经济。

——拉里·克莱默，威廉和弗洛拉·休利特基金会主席

这本书为商业领袖们吹响了号角，让他们有意识地——而且迅速地——实现利润之外的使命，并将商业作为一种向善的力量。这是一本轻松易读的书，它为那些需要说服的人提供了商业案例，同时为我们这些已经在旅途中的人提供了一剂灵感。

——鲍勃·查普曼，《共情：觉醒商业的管理》作者

序言

我在英国长大,这段经历(至少)给我留下了两个持久的印记。第一个印记是对树木深厚且不渝的热爱。我的家庭生活动荡不安,十几岁的时候,我大部分时间都躺在一棵紫叶山毛榉那粗壮低矮的树杈上,读一会儿书,再透过树枝仰望一会儿天空。山毛榉高耸入云,至少与其旁边的三层英式庄园宅第一样高,阳光穿过层层树叶,洒下绿色、蓝色和金色。空气中弥漫着修剪过的草地、新鲜的阳光和有200年历史的老树的气息,和这些比自己大得多的事物联系在一起,让我感到安全,感到被关怀。

第二个印记是对变化的职业的痴迷。我大学毕业后的第一份工作是在一家大型咨询公司,负责关闭英格兰北部的工厂。我花了几个月的时间与那些历史可以上溯数百年的公司合作,这些公司曾经征服了世界,但是现在却(灾难性地)未能应对外国竞争的挑战。

多年来,我一直将自己的两面分得很开。我的整个职业生涯就是在试图理解,为什么拒绝如此普遍,而变革如此艰难。这个职业不错。我成了麻省理工学院的讲席教授,也是技术战略和组织变革方面的专家,与寻求自我转型的那些大大小小的组织合作。我利用假期在山上徒步，看着枫叶红透，白杨在风中起舞。

但我会把工作和激情放在不同的"盒子"里。工作既赚钱又好玩，但这是我回到现实生活之前所做的事情。现实生活是和儿子依偎在沙发上，或是一起躺在树下的毯子上，把我所爱的世界介绍给他。我认为树木是不朽的：一个不断更新的生命之流，已经存在了数百万年，并将继续存在数百万年。

然后，我的弟弟——一位自由职业的环境记者，他写过精彩的《真实的幻兽》（*The Book of Barely Imagined Beings*），讲的是不应该存在但却真实存在的生物，还写过精微思考人类自身物理原理的《奇迹地图》（*A New Map of Wonders*），说服我去读一读气候变化背后的科学。我不知道他是不是希望唤醒我去了解自己日常工作的意义。如果是这样，他成功了。

结果我发现，树木并不是不朽的。不受控制的气候变化将带来许多后果，其中之一将是数百万树木的死亡。世界上最古老的树木之一——非洲南部的猴面包树正在死亡。黎巴嫩的雪松也是如此。在美国西部，森林的死亡速度快于生长的速度。我给自己的生活设定的那个舒适的假设——总是会有高耸入云的树干和树叶的甜美气息，原来这些是必须争取的东西，而不是一成不变的现实。事实上，我舒适的生活是森林处于危险之中的原因之一。

不仅仅是树木。气候变化不仅威胁着我儿子的未来，也威胁着每个孩子的未来。猖獗的不平等现象以及不断加剧的仇恨、两极分化和不信任的浪潮也是如此。我开始相信，我们不惜代价地专注于利润，会将地球的未来和每个人都置于危险之中。

我差点儿要辞职了。把时间花在教授 MBA 课程、撰写学术论文以及给公司提供怎么赚更多钱的建议似乎都不重要了。我想做些事情,但我能做什么呢?我花了几年的时间才发现,我已经在正确的时间出现在正确的位置。我开始与那些有着"商业可以帮助拯救世界"的古怪想法的人合作。他们中有些人经营着价值数十亿美元的公司。但是大多数还是在规模小得多的公司里,或者在不怎么起眼的职位上。这些人中有胸怀抱负的创业者、顾问、财务分析师、部门副总裁和采购经理。其中一个人坚信她可以利用自己的小地毯公司为新英格兰最萧条的城镇之一的技术移民提供良好的工作机会,还有几个人试图建立太阳能或风能公司来解决气候危机。有人一辈子都致力于推进节能,有人在推动他的公司教育和雇用需要特别保护的青少年。有人在雇用被定罪的重刑犯,还有一个人尽其所能在整肃她的公司在世界各地经营的工厂中的劳动制度。许多人努力将金融资本输送给这类人:寻求解决我们时代重大问题的商业领袖。

他们都是商场老手,非常明白"要扩大影响力,唯一的办法就是确保做正确的事"这一说法是个"既要/又要"的命题——既要建立蓬勃发展和盈利丰厚的公司,又要改变世界。他们都激情洋溢,以使命为导向,坚信利用私营企业的力量是解决气候变化等问题(也许是推动更广泛的系统性变化)的强大工具。

我当时喜欢和他们一起工作,现在仍然如此。他们努力过着完全融合的生活,拒绝将自己的工作与最深层的信念分割。他们奋力创造的东西是一位我认识的使命导向型领导者所说的"真正人性"的组织——在这样的公司里,人们有尊严、受尊重,激励他们的不只是对金钱和权力的追求,还有共同的使命和价值观。他们试图确保商业有助于我们赖以生存的自然和社会系统的健康。

但是我很担心。我担心这种管理方法永远不会成为主流:只有非常杰出的人才能同时掌握使命和创造利润。我相信,从长远来看,解决我们面临的问题的唯一方法是更改游戏规则——监管温室气体排放量和其他污染源,让每个公司都有强烈的动机去做正确的事,提高最低工资,投资于教育和医保,重建我们的制度,让我们的社会真正文明,让公开对话相互尊重,并为所有人的整体福祉服务。我看不出个别几个使命导向型公司如何能够帮助推动实施这些政策所需要的那种系统性变革。我正在讲授一门可持续商业的课程,我的学生也有这种担忧。他们有两个问题:我真的能在做正确的事情的同时赚钱吗?就算可以的话,最终又会有什么不同呢?

你手中拿着的这本书就是我回答这些问题的尝试,是我15年来探索如何通过改变对企业的宗旨、它们在社会中的角色,以及它们与政府和国家的关系的看法。

我的职业生涯给了我丰富的第一手经验,我知道用新的方式做事是多么困难。多年来,我与实施变革步履维艰的公司合作。我曾与试图应对丰田的通用汽车合作,与传统胶卷业务在数码摄影面前崩溃的柯达合作,还与鼎盛时期售出全球一半以上的手机、业务却被苹果公司颠覆了的诺基亚合作。改变这个世界上的公司会很困难,改变世界的社会体系和政治体系将更加困难。但这是非常有可能的，当你环顾四周，你会发现它正在发生。

我回想起几年前的某个时刻，当时我在芬兰，帮助一家企业撤退。那是我第一次也是最后一次将"下午五点蒸桑拿"列入日程中。按照指示，我走进桑拿房，脱掉所有衣服，开始吸收热气。东道主告诉我："现在是时候跳进湖里了。"我听话地跑过雪地（其他所有人都小心地移开他们的视线——芬兰人对这种事情非常有礼貌），然后小心翼翼地沿着一个金属梯子爬下，穿过冰层中的洞，进入湖中。空气停顿了一下。东道主来到梯子的顶端，低头看着我。她说："你知道吗，我觉得今天我不想在湖里洗澡。"

我现在很多时间都用来与那些想要换一种方法做事的商人一起工作。他们可以看到改变的必要性，他们甚至可以看到前进的道路，但是他们犹豫了，他们很忙，他们不想在今天这么做。有时，我似乎仍处于梯子的底端，抬头向上看，等待着其他人用新的、有时会不舒服的方式冒险做事。但我充满希望，因为我知道三件事。

首先，我知道变化就是这种感觉。挑战现状非常困难，而且常常是寒冷而孤独的。对于多年来推动气候变化否定论的利益集团如今正在宣传我们无能为力的观点，我们不应该感到惊讶。这就是大权在握的在位者对于变革前景的一贯反应。

其次，我确定这是可以做到的。我们拥有解决面临的问题所需的技术和资源。人类的才智是无限的。如果我们决定重建制度，建立一个完全循环的经济，并停止对自然界造成的破坏，我们就可以做得到。

在第二次世界大战期间，苏联用了不到一年时间，将整个经济向东转移了一千多英里。100年前，那种认为女性或黑色或棕色肤色的人与白人男性一样有价值的想法似乎是荒谬的——至少在那些掌管大权的白人男性眼中是这样。我们仍在战斗，但是你会看到胜利终将属于我们。

最后，我坚信我们拥有秘密武器。我花了20年的时间与那些试图自我转型的公司合作。我了解到，制定正确的战略很重要，重新设计组织也很关键。但最重要的一点是，我了解到这些是必要条件，但不是充分条件。掌握变革的公司是那些有理由这样做的公司：它们拥有比单纯实现利润最大化更重要的使命。相信自己的工作具有超越自身意义的人可以取得惊人的成就，而我们有机会在全球范围内就这些共同的使命发起动员。

这不是容易的工作。有时感觉就像是从金属梯子上爬下，进入一个在30厘米厚的冰上凿出的洞。但事情就是这样的：尽管跳进冰洞很难，但它也令人振奋。做一些不同的事情会让你感到生活的意义。被朋友和盟友环绕，为保护你所爱的东西而奋斗，让生活变得丰富多彩且充满希望，即使经历寒冷也是值得的。

和我一起吧。我们有一个世界要拯救。

目 录
Contents

01　当事实改变时，我们该如何应变 _001

02　重新定义商业实践 _025

03　重新定义商业的关键 _043

04　根深蒂固的共同价值 _081

05　重新定义金融 _121

06　左右为难 _165

07　保护那些让我们富有而自由的东西 _205

08　变革大潮中的浪花 _253

　　致谢 _271

01

当事实改变时，我们该如何应变

股东价值是昨天的想法

　　人类的真正问题在于：我们有旧石器时代的情感、中世纪的制度和神一般的技术。

——爱德华·奥斯本·威尔逊

什么是商业？

人类有史以来最独特的发明之一，也是世界上最大的繁荣之源？

就快要毁灭地球和破坏社会稳定的威胁？

还是需要重塑的某种组合？

我们需要系统地思考这些问题。最好的起点是当今时代的三大问题，也是每一天都会变得更加严重的问题：大规模环境退化、经济不平等和体制崩溃。

世界着火了。化石燃料的燃烧（现代工业化的驱动力）正在杀死成千上万的人，同时破坏了地球气候的稳定，海洋酸化，海平面上升。世界上大部分表层土壤都在退化，对淡水的需求也已经超过了供应。如果放任不管，气候变化将大幅降低GDP，淹没沿海大城市，并迫使数百万人口迁移以寻找食物。昆虫种群数量正在锐减，没有人知道原因，或后果是什么。我们正冒着破坏我们所赖以生存的自然系统的生存能力的风险。

财富正冲向顶峰。在美国，最富有的50人所拥有的财富比最贫穷的一半人的还要多，而超过60亿人每天的生活费不到16美元。数十亿人无法获得充分的教育、医疗保健以及获得体面工作的机会，而机器人技术和人工智能（AI）的发展有可能使数百万人失业。历史上保持市场平衡的机构——家庭、当地社区、崇高的信仰传统、政府，以及我们的共同意识都在崩溃甚至遭到破坏。在许多国家，越来越多的人认为不能保证自己的孩子会比自己过得更好，这助长了反少数民族和反移民情绪的暴力浪潮，这有可能破坏世界各国政府的稳定，各地的机构都面临着压力。新一代的专制民粹主义者正在恶毒地利用愤怒和异化来巩固权力。

你可能会想，这些问题与当今的经济发展有什么关系。毕竟，过去50年里，在人口翻番的同时，世界GDP不是增长了五倍吗？现在的人均GDP不是已经超过一万美元，足以为地球上的每个人提供食物、住所、电力和教育吗？而且，即使你认为企业应在试图解决这些问题方面发挥积极作用，乍一看，这难道不是一个不太可能实现的想法吗？在我们大多数的会议室和MBA教室中，公司的首要任务是实现利润最大化。这是不言而喻的事实。许多管理者相信，要定下任何其他目标都要冒着背叛信托职责和失去工作的风险。他们将诸如气候变化、不平等和体制崩溃等问题视为"外部性"，最好留给政府和公民社会处理。因此，我们构建了一个体系，在这个体系中，世界上许多公司都认为，对公共利益无所作为是它们的道德责任。

但是这种思维方式正在发生变化，并且变得非常快，部分原因是千禧一代坚持要求其所在的公司拥抱可持续性和包容性。当我首次开设名为"重塑商业"的 MBA 课程时，教室里有 28 名学生，现在有近 300 人，大约是哈佛商学院班级人数的三分之一。数千家公司投身于比盈利能力更大的使命，并且全球近三分之一的金融资产是以某种可持续性标准进行管理的，甚至那些处于顶端的人也开始坚持认为必须进行改变。例如，2018 年 1 月，全球最大的金融资产管理公司贝莱德（BlackRock）的首席执行官拉里·芬克向其投资组合中所有公司的首席执行官写了一封信，信中说："社会要求不管是上市公司还是私营企业，都要为社会使命服务。要想长期繁荣发展，每家公司不仅要创造财务业绩，还必须展示其如何为社会做出积极的贡献。公司必须使所有利益相关方受益，包括股东、员工、客户，以及经营所在的社区。"

贝莱德管理着近 7 万亿美元的资产，是全球所有大型上市公司的最大股东之一。它拥有埃克森美孚公司（Exxon Mobil Corporation）4.6% 的股份、苹果公司 4.3% 的股份，以及全球第二大银行摩根大通公司（JPMorgan Chase & Co.）近 7% 的股份。芬克提出"公司必须为社会使命服务"，就好比马丁·路德把他的《九十五条论纲》钉在维滕贝格城堡的教堂门上。在他的信发出后的一周，一位首席执行官朋友联系我，向我确认——他肯定不是当真的吧？我的朋友很震惊。他漫长而成功的职业生涯建立在低调行事和实现股东价值最大化的基础上，对他而言，芬克的建议似乎很可笑。他无法想象在当今竞争激烈的世界中，他会把视线从利润上移开。

2019年8月，由多个美国实力较强的公司的首席执行官组成的组织——商业圆桌会议（the Business Roundtable，BRT）发表了一项声明，重新定义了公司的使命："促进为全体美国人服务的经济"。181位首席执行官承诺领导公司"确保所有利益相关方的利益：客户、员工、供应商、社区和股东"。机构投资者委员会（CII）是一个由资产所有者或发行人组成的会员组织，包括超过135个公共养老金和其他基金，管理的资产总计超过4万亿美元。这个委员会发表了一份声明作为回应，其中写道：

> CII认为，董事会和管理层需要持续关注长期股东价值。为了实现股东的长期价值，尊重利益相关方至关重要，但也要对公司所有者有明确的责任。对所有人负责，意味着对任何人都不负责。BRT已明确表达了其对利益相关方治理的新承诺……与此同时却：（1）竭力削弱股东权益；（2）没有提出让董事会和管理层向任何其他利益相关方团体问责的新机制。

世界上最大的金融管理公司坚持认为，"世界需要你的领导才能"，而一些世界上最有权势的首席执行官公开承诺进行"利益相关方管理"，而许多商人——例如我那个（非常成功的）首席执行官朋友和许多大投资者——认为他们提的是不可能的要求。其中哪一个是对的？商业真的可以拯救一个着火的世界吗？

在过去的 15 年里，我一直与那些试图大规模解决我们面临的环境和社会问题的公司合作。这些公司主要是为了确保自己的生存——这让我开始相信商业不仅有能力和义务在改变世界的过程中发挥巨大作用，而且这样做还有强大的经济激励。世界在变化，随之变化的公司将获得丰厚的回报，如果我们不重塑商业，所有人都可能变得更加贫穷。

我开始这段旅程时还抱着英国人的那种怀疑态度，但我现在乐观的程度令人惊讶——就是"如果我们真的努力工作，或许就会成功"的那种乐观。我们有技术和资源来建立一个公正和可持续的世界，这样做完全符合私营部门的利益。如果主要的沿海城市被淹没，一半的人口就业不足或工资低于生活所需，而政府被一心为了自己获益而统治世界的民粹主义寡头取代，要赚钱可就难了。此外，拥抱一个不止于利润最大化的利于社会的使命，并对我们所赖以生存的自然和社会系统的健康负责。这不仅具有良好的商业意义，而且也符合当初推动我们拥抱股东价值的那种对自由和繁荣的承诺的道德要求。

仅仅在 10 年前，认为商业可以拯救世界的想法似乎完全是疯狂的；而现在这不仅是合理的，而且是绝对必要的。我说的不是某个遥远的乌托邦。现在我们就有可能看到重塑的某些要素，并看到这些要素如何能累积形成深刻的变革——这种变革不仅可以保护商业，而且可以使整个世界变得更好。事实上，这本书试图说服你把一生奉献给这个尝试。

我们是怎么走到这一步的

我们所面临这些问题的一个核心原因是,人们根深蒂固地认为,企业的唯一职责是实现"股东价值最大化"。米尔顿·弗里德曼或许是对普及这一观念最有影响力的知识分子。他曾经说过:"企业的社会责任只有一个——利用其资源,从事旨在增加利润的活动。"从这句话不难得出,关注长期的公共利益不仅是不道德的,甚至可能是违法的,而且(最关键的)是绝对不可行的。诚然,资本和产品市场是无情的,但以目前的方式来说,我们对股东价值最大化的关注是一个极其危险的想法,不仅对社会和地球,而且对企业本身的健康也是如此。图灵制药公司(Turing Pharmaceuticals)在达拉匹林(Daraprim)上的经验说明了不惜牺牲一切来追逐利润的代价。

2015年9月,一家只有两种产品的小型初创公司图灵宣布,将达拉匹林的价格从每片13.5美元提高至每片750美元——涨幅约为5000%。达拉匹林被广泛用于治疗艾滋病的并发症,它的生产成本约为每片1美元,而且没有竞争对手。任何想要购买达拉匹林的人都必须从图灵制药公司购买。此举掀起了一场媒体风暴,图灵制药公司的前首席执行官马丁·什克雷利被媒体痛斥,还曾被当众指

责,但他毫无悔意。当被问及他是否会采取一些不同做法时,他回答道:

> 我可能会把价格提得更高……我可以把价格提得更高,为股东赚取更多的利润。这是我最主要的职责……没有人想这么说,也没有人会为此感到自豪,但这是商业社会、商业制度和商业规则。我的投资人希望我把利润最大化,而不是把利润降到最低或是降到一半,或是降到70%,而是达到我们在MBA课堂上所学到的利润曲线的100%。

也许你很想相信什克雷利是个异类。他是一个极度古怪的人,此前因欺骗投资者而入狱。但他用最直白的语言表达了尽可能多赚钱的必要性,而达拉匹林并不是唯一涨价的。2014年,另一家生产商兰尼特(Lannett)将氟奋乃静(Fluphenazine,一种用于治疗精神分裂症的药物,被列入世界卫生组织最基本药物清单)从43.5美元提价到870美元,涨幅达2000%。凡利亚(Valeant)将硝普钠(Nitropress)和异丙肾上腺素(Isuprel)这两种重要的心脏药物的价格提高了500%以上,据说使得公司的毛利率超过了99%。

这肯定是不对的。管理者真的有道德责任去剥削绝望的病人吗?普度制药(Purdue Pharma)决定积极促进奥施康定(OxyContin)处方药的做法——至少在短期内获得了巨大的利润。这是否意味着它是正确的，甚至是好的商业做法呢？企业是否有责任追求尽可能多的利润，即使它们知道这样做肯定会对客户、员工或整个社会产生重大的负面影响？例如，自 2015 年 12 月签署《巴黎气候协定》以来，世界上的化石燃料公司已经花费了超过 10 亿美元游说反对控制温室气体排放。游说支持地球升温也许在短期内实现了股东价值的最大化，但从长远来看，这是个好主意吗？

从字面上看，一心一意追求利润最大化似乎要求企业不仅要抬高药品价格，还要把海里的鱼捕光，破坏气候稳定，反对任何可能提高劳动力成本的东西——包括教育和医疗的公共资金，以及出于自身利益试图操纵政治进程。就像一幅漫画中所说："是的，地球被毁了，但曾有那么一个美丽的时刻，我们为股东创造了很多价值。"

企业并不总是这样的，我们对股东价值的痴迷是最近才出现的。哈佛商学院的首任院长埃德温·盖伊表示，学校的目的是培养那些"体面地获得体面利润"的领导者。早在 1981 年，商业圆桌会议就发表了一份声明，其中有一部分与会者这样说："企业和社会是共生的关系：公司的长期生存能力取决于其作为社会一分子的社会责任，而社会的福祉取决于盈利而负责任的企业。"

美丽的想法

管理层的唯一职责是实现股东价值最大化,这是第二次世界大战后弗里德曼和他在芝加哥大学的同事们引领的经济思维转型的产物。他们的许多论点都是高度技术性的,但其工作背后的直觉很简单。

第一个论点是,他们认为,自由市场是完全有效的,这使它们成为经济繁荣的重要推动力。直观地说,如果一个行业中的每家公司都无情地专注于底线,竞争将促使所有公司既高效又创新,同时也会防止任何一家公司主导市场。此外,竞争激烈的市场利用价格使生产与需求相匹配,使得协调数百万家企业去满足数十亿人的口味成为可能。弗里德曼本人就用一个很普通的例子生动地展现了这一理念。

看看这支铅笔。世界上没有一个人可以做出这支铅笔。这是故作惊人之语吗?完全不是。木头是来自华盛顿州被砍倒的一棵树。为了砍倒那棵树,需要一把锯子;为了制造锯子,就需要钢;为了炼钢,就需要铁矿石。这个黑色的中心，我们称为"铅"，但它实际上是石墨，压缩石墨……来自南美洲的某个矿。上面这个红色的头，这个橡皮擦，是一点儿橡胶，可能来自马来西亚，那里的橡胶树甚至不是本地的！是一些商人在英国政府的帮助下从南美进口的。这个黄铜卡套？我根本不知道它是从哪里来的。还有那黄色的油漆！或者是画黑线的油漆，或者是把这一堆东西粘在一起的胶水。有成千上万的人合作制作了这支铅笔，他们语言不通、信仰不同，如果真见面的话可能还会相互憎恨。

如果弗里德曼在今天想表达同样的观点，他可能会用手机作为例子——每一部手机里都包含几百个在世界各地制造的部件。但关键的一点是，真正的竞争性市场分配资源的频率比我们尝试过的其他任何东西都要高得多。事实上，20世纪五六十年代的开创性工作表明，在一些明确界定的条件下——包括自由竞争、不存在合谋和私人信息，以及外部性的合理定价——股东回报最大化就是公共福利最大化。

专注于股东回报的信条背后的第二个论点是，基于个人自由在规范上的至高地位，或者说个人自由是或应该是社会的首要目标，而个人能够决定如何处置其资源和时间应该是社会的最高目标之一。这一思想深深植根于启蒙运动后的18、19世纪的古典自由主义传统中。米尔顿·弗里德曼和弗里德里希·哈耶克从这一传统中汲取灵感，以此来阐述对苏联中央经济控制哲学的思想反驳。

在这里，自由是指"不受侵犯"或"免于……"——在不受他人干涉的情况下做出决定的能力。弗里德曼和他的同事们提出，自由市场创造了个人自由，因为与计划经济相比，自由市场允许人们选择他们做什么和如何做，并给予他们资源来选择自己的政治观点。当国家或一小群寡头控制着你为谁工作及你的工资时，就很难做到真正的自由。

第三个论点是，弗里德曼及其同事认为，经理人是其投资者的代理人。作为一个值得信赖的代理人，其本身就是一种道德承诺，植根于人们普遍认同的观念，即人们应该遵守诺言且不滥用受托资金。他们认为，既然经理人是代理人，他们就有责任按照投资者的意愿管理公司——弗里德曼认为在大多数情况下，这就意味着"尽可能多地赚钱"。

这三个论点共同为股东价值最大化提供了强有力的理由，也是许多商业人士相信实现利润最大化就可履行深层规范性承诺背后的道德力量。从这个角度来看，如果不能实现股东回报最大化，不仅背叛了你对投资者的责任，而且有可能损害系统的效率并减少每个人的经济和政治自由，从而降低繁荣度。如果做任何追求回报最大化之外的事情——例如，在没有明显好处的情况下，向员工支付高于现行工资的薪酬，或者在当地燃煤发电便宜且充足的情况下，在屋顶上安装太阳能电池板，这不仅会让社会变得更贫穷、更不自由，而且还背叛了你对投资者的责任。

然而，这些想法是特定时间和地点及特定体制条件的产物。鉴于当今世界的现实情况，它们是危险的错误。弗里德曼和他的同事们第一次提出这些观点是在第二次世界大战之后。当时，似乎存在着一种严重的风险，即对市场的依赖将被中央计划所取代。在克服了经济萧条和战争之后，政府显然很受欢迎而且强大。商业则不然。对战争前大萧条的持久记忆——在大萧条最严重的时候，美国的GDP下降了30%，工业生产下降了近50%，四分之一的劳动人口失业——意味着在接下来的20年里，不受监管、不受约束的商业几乎在所有地方都受到怀疑。这在欧洲和亚洲是主流观点。例如，在日本，商业界明确地接受了一种强调员工福利和长期承诺的商业模式。而在德国，企业、银行和工会合作建立了一种"共同决定"的制度，定期在企业福利与员工和社区福利之间寻求平衡。

这意味着，在战后大约30年的时间里，发达国家可以依靠国家来确保市场具有合理的竞争性，确保污染等"外部性"得到适当的定价或监管，确保（几乎）每个人都有参与市场的技能。此外，战争创造了巨大的社会凝聚力，投资于教育和健康、"做体面的事"，以及庆祝社会文明似乎是理所当然的。

弗里德曼的想法直到20世纪70年代初才产生较大的影响。当时，第一次石油禁运的动荡导致了10年的滞胀和激烈的全球竞争，美国经济面临巨大压力。在这种情况下，相信通过告诉经理人他们唯一的工作就是关注股东回报，以此"解放"市场，就能最大限度地实现经济增长和个人自由，这也不算离谱。

这些芝加哥培养出来的经济学家将经济表现不佳归咎于许多经理人将自己的福利置于对投资者的责任之上，他们提出的将高管薪酬与股东价值挂钩的解决方案受到了投资者的热烈欢迎。经理人们被告知，他们在道德上有责任实现利润最大化，事实上，做任何其他事情都是不道德的，于是首席执行官的薪酬与公司股票的价值紧密相连。国内生产总值增长如火箭起飞，股东价值和首席执行官薪酬也随之飙升。[1]

但是……与此同时，这种增长的环境成本——大气中数万亿吨的温室气体、被污染的海洋，以及对地球自然系统的广泛破坏，在很大程度上被忽略了。随着一些发展中经济体开始追赶西方的收入水平，世界范围内的不平等现象有所减少。但在发达国家，收入不平等却大大增加。过去 20 年，生产力增长所带来的绝大多数成果都流向了收入分配的前 10% 的人群，尤其是在美国和英国，底层人群的实际收入停滞不前。由此产生的民粹主义狂潮正在威胁着我们的社会和经济的生存能力。到底是哪里出了问题呢？

简而言之，市场需要成年人的监督。只有在真正自由和公平的情况下，市场才会带来繁荣和自由，而在过去的 70 年里，世界已经发生了几乎无法识别的变化。全球商业看起来越来越不像教科书上的自由、公平的市场模式，而只关注利润最大化的信条正是基于此。只有当价格反映了所有可用信息，存在真正的机会自由和游戏规则

---

[1] 关于对股东价值的关注是否导致这种爆炸式增长存在着激烈的争论。其他可能的原因包括全球化、重大技术进步，以及自由市场的更广泛传播。——如无特别说明，本书脚注均为作者注。

支持真正的竞争时,自由市场才会发挥作用。在当今世界,许多价格偏得离谱,机会自由越来越多地被局限于人脉广泛的人,企业正在改写游戏规则来使自己的利润最大化并同时扭曲市场。如果企业可以将有毒垃圾倒入河中,控制政治进程,并聚在一起操纵价格,那么自由市场既不会增加总财富,也不会增加个人自由。相反,它们会毁掉企业本身所依赖的体制。

为什么市场让我们失望

图灵制药公司的例子说明了问题的本质,但我们还可以更加精确。市场偏离轨道有三个原因:外部因素没有得到适当的定价;许多人不再具备必要的技能来让他们获得真正的机会自由;而企业则越来越有能力制定对自己有利的游戏规则。

能源之所以便宜,是因为我们并未支付其全部成本。美国消费者为燃煤发电厂的电力支付的费用大约是每度电 5 美分,但燃烧煤炭会排放大量的二氧化碳(煤炭本质上是化石形式的碳),这是全球变暖的主要原因之一。燃煤生产一度电,就至少会造成 4 美分的气候相关损害。此外,燃煤每年导致数千人死亡,并破坏了更多人的健康。在美国,煤炭的开采、运输、加工和燃烧每年导致 2.4 万人死于肺病和心脏疾病（年成本约为 1875 亿美元）；每年还有 1.1 万人因煤矿地区造成的健康负担而丧生（年成本约为 746 亿美元）。计算一个与燃烧化石燃料相关的全球健康成本的总额是非常困难的，因为成本因各种因素而造成很大差异，包括燃料的类型及燃烧的方式和地点。一项估计表明，每吨二氧化碳的排放量可关联到约 40 美元的医疗成本，这意味着每度电的成本约为 4 美分，但在这一领域工作的同事提醒我，这些成本可能相差很大，而且往往要高得多。如果你把这些成本加进去，那么燃煤发一度电的实际成本就不是 5 美分，而是差不多 13 美分。这意味着我们大概只支付了燃煤实际成本的 40%。化石燃料能源看起来很便宜，但这只是因为我们没有算上我们强加给"邻居"和未来的成本。

地球上的每一家燃煤电厂都在主动破坏价值，这些工厂给社会带来的成本大于其总收入，更不用说利润了。例如，美国最大的煤炭公司皮博迪能源公司在 2018 年运送了 1.867 亿吨煤炭，总收入为 56 亿美元。燃烧 1.867 亿吨煤炭的气候和健康成本合计约为 300 亿美元，所以如果以总收入作为衡量总价值创造的标准，皮博迪能源公司破坏的价值至少是其创造价值的 5 倍，这还是保守计算。

每当你使用化石燃料时，无论是开车还是坐飞机，你都在制造持久的损害，而你却没有为此付出代价。每一吨钢铁、每一吨水泥和每一个汉堡包的生产，都会造成巨大的损失，而这些损失并没有被包含在价格中。每生产一个芝士汉堡包与半加仑汽油会产生大致相同的排放量，仅消费牛肉产生的排放量就占全球温室气体排放量的10%（仅占消耗热量的2%）。

当你把这些成本算进利润时，会发现几乎每家公司都造成了重大损失。例如，2018年，墨西哥最大的水泥公司西麦斯集团（CEMEX）排放了超过4800万吨的二氧化碳，尽管在该年其水泥生产业务中使用的电力约有四分之一来自可再生能源，这至少造成价值40亿美元的损失，其当年的息税折旧及摊销前利润（EBITDA）为26亿美元。在2019财年，英国零售连锁店玛莎百货（Marks&Spencer）——一家多年来一直在尽力减排的公司，其总排放量相当于36万吨二氧化碳。这是约3200万美元的损失，而同年玛莎百货的税前利润为6.7亿英镑。

未能对温室气体排放进行定价所造成的扭曲是巨大的。整个经济中的价格完全失调。如果说自由市场通过价格捕捉人们需要了解的所有信息来发挥其魔力，那么在这种情况下，就没什么魔力可言。

只有当每个人都有机会参与时，市场才能创造真正的机会自由。如果不受约束的市场使太多人远远落在后面，它们就会破坏机会自由，而机会自由是市场本身合法性的基础。与50年前相比，现在的世界已经极大地富裕了起来，国家之间的不平等差距也大大缩小。在20世纪50年代，世界上有一半的人口每天的生活费不到2美元，而现在只有13%的人仍是这个生活水平，大多数人都可以很好地维持生计。但在国家内部，不平等现象已经跃升到了自20世纪20年代以来从未见过的水平。例如，在美国和英国，生产力增长的好处主要流向了前10%的人，而实际收入却停滞不前。

美国现在的社会流动性明显低于加拿大和北欧，但几乎所有地方的社会流动性都在下降。经济繁荣的赢家越来越多地找到了将他们的成功传递给孩子的方法，因此，一个孩子的成功越来越与出生地的邮政编码和父母收入相关。2013年，8所常春藤学校的学生中，只有2%～4%的学生来自收入分配最底层的20%的家庭，而10%～19%的学生出生在收入最高的1%的家庭。一个出生在收入分布前5%的家庭的学生跻身前1%的概率，要比父母收入在后5%的学生高60%左右，即使他们都在美国最受欢迎的大学之一上学。此外，健康也越来越多地由你的邮政编码决定。举个例子，2017年，马萨诸塞州新贝德福德市最贫困地区居民的预期寿命，比博茨瓦纳和柬埔寨的预期寿命还要低。

创业企业成功的难度也大大增加。从1997年到2012年，每个行业中最大的四家公司占其行业收入的份额从26%增加到32%。1980年，年轻公司占经济总量的15%，但2015年仅占8%。这种集中度的提高还降低了工人的议价能力，以及福利和报酬，同时推高了利润和价格。

只有当参与者无法为自己制定规则时，市场才是自由和公平的。例如，在2014年，两位政治学家发表了一项研究，探讨民众对一项政策的支持度与该政策成为法律的概率之间的关系。他们发现，在美国，"普通公民"的意见根本不重要。得到90%的普通民众支持的提案，并不比得到10%的支持的提案更容易通过。但如果富人想做什么事，就会容易做到。

花钱改变游戏规则是一种极为有效的赚钱方式，即使它会给其他人带来巨大的成本。例如，1997年，华特迪士尼公司大力游说，支持一部名为《版权期限延长法》（CTEA）的晦涩法律。

把作品的版权给予艺术家和作者（以及电影制作人），允许他们从自己的想法中获利——激励他们创作更多的作品。但是，版权是有限制的，在某段合理的时间后，其他艺术家和作者就可以在前人的基础上进行创作。以迪士尼为例，电影《白雪公主》是根据一个古老的欧洲民间故事改编的，《美女与野兽》也是如此。CTEA承诺将美国版权延长至作者身后70年，并将企业版权延长至95年。对于迪士尼来说，它正面临着其最受欢迎和利润最高的角色的版权将于2023年开始到期的风险，该法案提供了额外20年的保护。

迪士尼花了200多万美元来为该法案进行游说，如此积极地推动该法案的通过，以致该法案被笑称为"米老鼠保护法"。

该法案最终顺利通过国会，并在1998年10月27日签署成为法律。我的粗略估计是，在法案通过时，它可能为迪士尼公司带来高达16亿美元的额外收入，对于一个略高于200万美元的投资来说，这并不是一个糟糕的回报。[1]然而，没有证据表明它增加了公众福利。相反，迪士尼曾辩称，推迟竞争对手可以复制其电影的时刻，会增加迪士尼创造新电影的动力。但一群著名的经济学家（包括五位诺贝尔奖获得者在内）认为，这种延长对激励创新基本上没有影响。

---

[1] 1997年迪士尼的"创意内容"净收入是8.78亿美元。

用他们的话说,"就现有作品期限延长而言,成本的大幅增加并没有与创作新作品的动机的改善相平衡"。

简而言之,迪士尼这样一家以健康的家庭形象为荣的公司,其主题公园几乎是美国每个家庭的必去之地,它基本上为向这些家庭收取超过10亿美元的费用来为其投资者敛财奠定了基础,却没有产生任何可比拟的社会效益。

话说回来,这还只是钱。化石燃料公司一直在采取类似的策略,对世界造成了严重得多的后果。从2000年到2017年,化石燃料行业整体至少花费了30亿美元游说反对气候变化立法,还有数百万人支持否认气候变化现实的团体和运动。

截至本书定稿时,美国最大的炼油商马拉松石油公司公开承认气候变化的现实,并宣称它已经"投资数十亿美元使我们的运营更加节能"。但它一直大力支持现任政府试图撤销现有汽车排放法规,并在一次给投资者的电话中暗示,撤销法规可以使该行业每天的汽油销量增加35万至40万桶。这样的增加将给世界其他地区带来43亿至49亿美元的成本,但以每桶约56美元的价格计算,将增加69亿至79亿美元的行业销售额。[1] 在华盛顿州,为了挫败一项旨在征收美国首个碳排放税的措施,石油利益集团比对手多花了1倍的钱,仅英国石油公司(BP)就为此出资1300万美元。

能让公司买到有利规则的不仅仅是钱。在许多情况下,这些问题

---

[1] 按照上述参考,并假设碳的社会成本为80美元/吨。

的技术性太强，范围太狭窄，或是太枯燥，以致媒体和公众都不太关心。例如，会计准则的变化是很难理解的，很少引起公众的兴趣，但会计规则中看似微小的变化却是导致2008年股市大崩溃的原因之一。

只有当市场真正自由公平时，利润最大化才能增加繁荣和自由。如果大规模的外部性不被定价或不受控制，如果真正的机会自由更多的是梦想而不是现实，如果企业可以改变游戏规则，以牺牲公共利益为代价来迎合自己，那么股东价值最大化就会导致毁灭。在这些条件下，企业有道德责任帮助建立一个体系，支持真正竞争性的、定价适当的市场和强有力的制度，他们也有令人信服的经济理由这样做。一个着火的世界威胁着每一个企业的生存。

前方的危险

任何事都要有所取舍。过分注重公共利益会扼杀企业家的活力，而这种活力是市场良好运作的命脉；过分注重经济自由会导致对社会和自然界的破坏，并导致维持市场平衡的机构不断退化。

当我们告诉公司的领导者，他们的唯一职责是关注股东价值时，我们就是允许他们对其余标准置之不理。我们告诉他们，只要能增加利润，他们就有道德责任去推翻那些制约他们的制度——游说反对消费者保护、歪曲气候科学、破坏工会，并把钱投入减少税收和法规的努力中去。在短期内，这种联盟产生了诱人的回报，但从长远来看，它们威胁到了我们社会和经济的基本支柱。英国脱欧并不会有利于商业，同样，全球贸易战或结束移民也不会。问题不在于自由市场。问题在于不受控制的自由市场，或者认为我们可以在没有政府的情况下，不需要对整个社会的健康做出共同的社会和道德承诺，而这正是有效的政府所依赖的。

我们知道需要做什么。联合国的"17个可持续发展目标"为建设一个公正和可持续的世界制定了一套条理清晰的路线图，得到了商界的广泛支持。我们有技术和头脑来解决环境问题，我们有资源来减少不平等。问题不在于应该做什么，而在于如何做。

企业必须挺身而出。它的力量是巨大的。它拥有资源、技能和全球影响力，可以发挥巨大的作用，也有强大的经济理由来采取行动，如果不加以控制，全球变暖似乎有可能在21世纪末使美国经济萎缩10%左右，并造成几乎难以想象的痛苦。用大卫·华莱士-威尔斯在《无法居住的地球》一书中的话来说，平均气温长期不同程度的上升会产生不同的影响：

因为这些数字太小，我们往往会忽略它们之间的差异——一、二、四、五……人类的经验和记忆并没有为我们应该如何看待这些阈值提供很好的类比。但就像世界大战或者癌症复发一样，哪怕一个阈值你都不想看到。气温上升2℃时，冰层将开始崩塌。4亿多人将遭受缺水之苦，地球赤道地带的主要城市将变得无法居住，即使在北部高纬度地区，每年夏天也会有成千上万的人死于热浪。印度的极端热浪的次数将增加32倍，每次热浪持续的时间将增加5倍，暴露在热浪中的人数将增加93倍，这还是最好的情况。中美洲的平均干旱时间将持续19个月，加勒比海地区则是21个月，每年被野火烧毁的面积将增加1倍。

到2050年，可能有多达10亿人流离失所。这不是一个你想要生活的世界，它威胁着我们经济体系的根基。用世界头号对冲基金桥水基金的创始人瑞·达利欧的话说：

> 我认为，大多数资本家不知道如何把经济蛋糕分好，而另外的群体不知道如何让它变大，然而我们现在正处于这样一个关口：a）不同意识形态倾向的人将通力合作，巧妙地重新设计制度，使蛋糕既能分好又能变大；b）我们将发生巨大的冲突和某种形式的革命，这将伤害大多数人，并使蛋糕变小。

正如瑞所言，这不是一个企业能够独立解决的问题。我们只有在国家的帮助下才能解决气候变化和不平等之类的问题——这需要重建我们的制度，使市场和政府恢复平衡。企业可以发挥巨大的作用，但前提是它必须与其他人合作来建立健康且运行良好的政府、充满活力的制度和强大的公民社会，这对取得真正的进步至关重要。

改革后的经济制度由五个关键部分组成，其中任何一个部分都无法单独存在，但每个部分都相互支撑，都是强化整体的重要组成部分。我们可以通过一家公司转型的故事，来了解这在实践中是什么样子的。

02

重新定义商业实践

欢迎来到世界上最重要的对话

> 尼奥：我知道你在那儿。我现在能感觉到你。我知道你很害怕……害怕我们。你害怕改变。我无法预知未来。我不是来告诉你这一切将如何结束,我是来告诉你这一切怎样开始。我会挂断这个电话,然后向这些人展示你不想让他们看到的东西。我要让他们看到一个没有你的世界。一个没有规则、没有控制、没有边界、没有界限的世界。一个一切皆有可能的世界。之后如何,我把选择权留给你。
>
> ——《黑客帝国》,1999 年 3 月发行

第一块拼图：创造共同价值

2012年，埃里克·奥斯蒙森成为挪威最大的废弃物处理公司——挪威回收公司（Norsk Gjenvinning，NG）的首席执行官。废弃物处理业务是经济中一个并不时髦的角落，但埃里克认为它正处于重大转型的边缘。历史上，这项业务主要是将垃圾运往当地的垃圾填埋场。但埃里克相信，该行业的未来在于回收，它有潜力成为一个高科技业务，并以显著的规模经济销售到全球市场。他还认为，废弃物业务是解决世界上两大全球性挑战——气候变化和原材料日益短缺的关键。用他的话来说：

> 我问自己，还有哪些行业可以真的改善这么多东西？所以是这个机会抓住了我，我看到了做一些真正的好事的可能。挪威的废弃物处理行业将挪威的二氧化碳排放量减

少了 7%，我觉得这会让人难以理解。这真的能做到吗？我们 NG 公司收集了挪威 25% 的废弃物，并将 85% 的废弃物以原材料和转废为能的形式送回工业领域。我认为这……简直太棒了……我意识到，我们的行业是实现循环经济的关键，它同时解决了两个全球性问题：快速增长的全球废弃物问题，以及由于全球各地中产阶级消费者的预期增加而对未来自然资源供应的压力。

埃里克在担任 NG 的临时首席执行官并面试该职位的候选人时，做出了自己应聘的决定。

它仿佛就发生在昨天一样。那是复活节的前一天，我正在面试一位非常优秀的候选人。他说："我有一个问题要问你，你是这份工作的候选人吗？"我回到家就一直在想，天哪，我已经几十年没有这么投入过了。我找到妻子，对她说："我不知道这是不是个好主意，我以前没有做过这个规模的事情。但每天早上醒来，我都觉得我在做一件真正有价值的事，而且我们真的可以产生影响。"所以在复活节后，我打电话给雷尼尔（担任 NG 董事长的私募股权投资合伙人），问他是否可以把我的名字放在选票上，之后的事情你们都知道了。

埃里克一开始做的事是跟垃圾车，并在仓库里闲逛。他很快发现，虽然大多数员工都是诚实的人，但 NG 和该行业都在从事一系列腐败行为。NG 及其竞争者都在非法处置废弃物——要么故意将危险废弃物标为普通废弃物，要么有意将其倾倒在市政垃圾网点。将电子废弃物非法出口到亚洲，这比在挪威境内处理要便宜 10 倍，而许多不同的部门对有关废弃物处理的法规执行不力，对违规行为的罚款也很少。一项研究表明，该国运输的所有废弃物中，85% 以上都违反了相关规定。

在 NG 公司内部，一些经理为了达到短期目标而伪造财务数据，并歪曲他们所销售的回收材料的质量。当埃里克催促他们作出解释时，他得到的都是类似于"但一直以来都是这样做的啊"的回答。用埃里克的话说，"他们的说法总是一直都是这么做的、别人都是这么做的。他们认为只有奥斯陆的一些愚蠢的家伙认为可以换一种方式来做事，但他们知道不能换，因为这在经济上是行不通的，或者根本做不了"。

有些人可能就这样走开了，但埃里克回到董事会，要求提供清理业务所需的资金和时间。他首先制定了一项合规政策，每位员工都必须签字。在短暂的特赦期后，他转而实行零容忍制度，规定违反政策的员工将被立即解雇。这不是一个完全受欢迎的举措。在第一年，70 名前一线经理中有 30 人和一半的高级员工离开了公司，许多人带走了他们的客户。

埃里克和他的团队随后为公司制定了一个新的愿景。NG 不再仅是一家回收废弃物的公司，而且是要成为工业回收原料的全球销售商——一个全球回收巨头。埃里克说："一切都可以被收集，一切都可以被回收，一切都是资源。所有东西都可以作为一种新的资源被再次利用，而不只是去用那些从矿井里挖出来的或在森林里砍伐的东西。"

他将自己的发现公之于众，并将这种关注作为改变NG文化的众多杠杆之一。他后来解释说：

> "家丑外扬"不仅是对行业，还是对我们的员工的公开声明。"我们是认真的"，这不是一句空话，也不是给行业协会做的某种演讲。我们冒着很大的风险在全国媒体上说我们会把这些事理清楚，我们对此是诚实的。从第一天开始，我们实践的关键之一就是残酷的真相政策。

这也让他有机会接触到潜在客户——主要是那些拥有知名全球品牌的客户，他们可能愿意支付溢价以换取安心。还有一些客户，虽然没有他希望的那么多，也做出了与NG签约的回应，因为这是正确的事，避免了出现丑闻的可能性。埃里克开始从废弃物管理行业以外的公司积极招聘，寻找具有新技能并与NG的新目标保持一致的人才。他从可口可乐、挪威水电和挪威最大的食品杂货连锁店挪威集团（NorgesGruppen）等公司聘请了高管。

这是一场代价高昂的转型。在第一年，仅合规项目的成本就占到了 NG 公司息税前收益的 40%，花了几年时间才使新员工跟上进度。与此同时，当地的行业协会威胁要开除 NG 公司，因为它使该行业名誉扫地，而且，由于埃里克的议题威胁到了有组织犯罪的利益，他本人也遭到威胁。

但新战略也带来了意想不到的机会。那些目睹腐败现象并感到无能为力的经理热情地接受了重塑公司的挑战，禁绝粗放的非法行为，为真正的创新打开了空间。通过采纳越来越高科技的回收利用技术，NG 公司缓慢而坚定地将废弃物行业的价值链产业化。NG 是挪威第一家购买最先进的利用光学技术对金属进行分拣的机器的公司，把整辆汽车从一端放进去，然后回收其中 95%～96% 的物质。这台机器最初的额定年处理能力为 12 万吨，但不到一年，埃里克的团队就将这一数字几乎翻了一番。这反过来又引起对更多废弃物进行处理的探索，以及对废弃物收集物流的彻底反思，并将 NG 的运营范围扩大到整个斯堪的纳维亚半岛。随着 NG 公司扩大高质量金属的产能，使得其客户群越发多样化，从而大大提高了售价。总之，这些举措创造了显著的规模经济，降低了成本，提高了利润率，并使 NG 能够击败竞争对手，从而进一步扩大规模。到 2018 年，NG 已成为斯堪的纳维亚半岛规模较大、收益较高的废弃物处理公司。

简而言之，埃里克能够将提高废弃物业务可持续性的愿景转化为一个极具颠覆性、高利润的新业务。围绕重塑商业的讨论，有时会被框定在利润和使命之间的矛盾上。NG 的案例说明了为什么这种讨论没有抓住重点。

一切照旧不是一个可行的选择。如果我们的地球及商业要正常生存下去，必须找到一种不同的运作方式。我们需要从一个环境和社会资本基本上是自由（或者至少不关我的事）的世界，转变到一个在繁荣的社会的环境限度内运作被视为理所当然的世界。这种转变将带来巨大的动荡，但与所有这类转变一样，它也将带来巨大的机会。

每个人都必须呼吸才能活着，但活着不是为了呼吸。在当今世界，重塑商业需要接受这样的理念：虽然企业要想蓬勃发展必须盈利，但其使命不仅是为了赚钱，还要在一个宜居的地球和健康的社会背景下建立繁荣和自由。埃里克的经历说明了这种亲社会愿景的巨大力量。这使他能够创造"共享价值"，或者建立一个做好事还有钱赚的企业，并同时降低风险、降低成本、增加需求。

与许多人的观点相反，为公司制定亲社会的目标和使命是极为合法的。世界上没有任何一家公司被法律要求实现投资者回报最大化。例如，根据美国法律，做出肯定会破坏长期股东价值的商业决策可能是非法的，但除了少数严格定义的情况（比如他们承诺出售公司的时候），董事有非常广泛的自由度。例如，根据美国大多数公司的注册地特拉华州的法律，董事对公司和股东都负有谨慎、忠诚和诚信的受托责任。这就意味着，为了追求长期成功，董事有时可以而且应该做出在短期内不能实现股东价值最大化的决定。面临敌意收购的美国董事通常会这样做，他们拒绝对公司估值明显高于当前股价的报价，因为他们认为收购会降低公司的长期价值。他们受到商业判断规则的保护，这一规则假定公司董事在知情的基础上行事，本着诚意原则，并真诚地相信所采取的行动符合公司的最佳利益。

第二块拼图：建设使命导向的组织

管理一个组织基本上有两种方式。落后企业认为人是机器的齿轮，把他们当作物品来管理；而先进企业则给予他们尊严和尊重，把人当作自主的、有能力的共同创造者，打造一个致力于共同使命的社区。经营先进企业听起来可能很昂贵，但并不一定非得如此。有很多证据表明，在许多情况下，先进企业的创新能力和生产力明显高于落后的竞争对手。从"落后"转向"先进"对于重塑商业至关重要，原因有二。

第一，重塑商业并非易事，决定创造共享价值往往是有风险的。建立一个公正和可持续的经济体制将是颠覆性的，而颠覆性的变革总是困难的。以目标为灵感的先进企业更有能力处理好这一转型（比如NG），并且很可能在推动我们所需的各种变革方面起到催化作用。

第二，建设先进企业本身就是建设公正和可持续社会的关键要素。并非所有的先进企业都有能力支付更高的工资，但许多公司可以，这本身就是对减少不平等的重要贡献。此外，有意义的好工作对健康社会的发展至关重要，人们在其中得到尊重，被鼓励成长并尽其所能做出贡献。

创造共享价值和建立先进企业将是重塑商业的重要步骤，但这还不够。使命导向型公司寻求创造共享价值，可以对世界产生巨大的积极影响。例如，NG 在改变废弃物业务方面发挥了重要作用。当竞争者看到以新的方式行事可以赚钱时，他们往往会主动拥抱变革。提高能源效率曾经是灵光闪现的个人专利。如今每个人都看得到它通常有巨大的利润，绿色建筑正在迅速成为整个行业的标准。但许多想做得更多的企业却发现自己受制于资本市场的短期主义，改变投资者的行为与改变公司的行为同样重要。

第三块拼图：重塑金融业

传统金融可能是重塑商业社会的最大障碍。只要投资者只关心自己的回报最大化，只关注短期和容易衡量的东西，企业就不愿意承担寻求利用共享价值和拥抱先进劳动实践所带来的固有风险。寻求解决我们这个时代的大问题可以是合法的，甚至可能是道德上的要求，但如果你这样做了，投资者就会解雇你，那你就会把大问题留给别人去解决。如果我们要重塑商业，就必须重构金融体系。

幸运的是，这一进程已经开始。如果解决我们这个时代的大问题符合投资者的利益，在很多情况下确实如此，那么说服他们支持公司做正确事情的秘诀就是制定衡量标准，证明做正确的事情也有利可图。我们需要可审计、可复制的衡量标准，以反映解决环境和社会问题的成本和效益，让投资者也能理解创造共享价值的好处（这样他们就会要求公司承担责任）。所谓的ESG（环境、社会和治理）指标是对这一挑战的一种回应。我们花了100多年的时间才发展出严格的财务会计体系，ESG指标仍是一件半成品，但它们已经在改变投资者的行为。2018年，使用基于ESG指标的信息进行的投资超过19万亿美元，占其管理的金融资产总额的20%。

尽管如此，即使是最好的指标也不足以让我们达到目标。有些事情难以衡量——有些问题公司可以有效地解决，但如果他们这样做，就会降低投资者的回报。重整金融的第二步是寻找其他的资本来源，即所谓的"影响力投资者"，他们和关心"回报最大化"一样关心"如何产生影响"，以及关心消费者和员工。与传统投资者相比，消费者和员工所拥有的企业更愿意以牺牲资本回报为代价，改善消费者和员工的福利。学会大规模调动这些替代性资本来源可能会产生强大的催化作用。

另一个选择是减少投资者的权力，通过改变公司治理结构或指定由谁控制公司的规则，使管理者免受资本市场无情需求的影响。

这是一个棘手但令人兴奋的探索路线。广泛采用共益公司这样的公司形式可能会产生深远的有益影响，但也可能会产生意想不到的后果，并且可能会受到当今投资者的广泛抵制。

按照这些思路重塑金融将是重塑商业的关键一步，但这还不够。如果我们能将资本引入前沿的、使命导向型的公司，并利用对 ESG 指标的关注来确保每个公司都被迫遵守更高的行为标准，这将带来巨大的变化。但我们面临的很多问题都是真正的公共物品问题，没有任何一家公司有动力能独自解决，我们需要学会合作。

第四块拼图：建立合作

当耐克公司第一次试图将童工从其供应链中清除出去时，它首先试图清理自己的业务，给所有供应商制定行为守则，并定期对他们进行审计。这种方法成功地改善了一些工厂的做法，但事实证明无法完全解决这个问题。大多数大型供应商几乎为行业内所有人工作，而耐克的一些竞争对手对改善劳动条件没有兴趣，或者对如何改善有不同的想法。审计被证明是改变行为的一个很不完善的工具，许多大型供应商经常将工作外包给小得多的公司，而这些公司很难监控。耐克留下了一个严重的商业问题——其供应链的状况可能导致严重的品牌损害，而且没有办法解决。

作为回应，耐克试图说服业内其他大公司加入清理整个供应链的行列，并与其他公司一起组建了"可持续服装联盟"，该组织致力于合作应对供应链危机。此类合作组织背后的核心理念很简单——如果每个人都尽到自己的责任，那么大家都会受益。以巧克力为例，可可（巧克力的主要原料）的主要买家已经意识到，确保可可长期供应的唯一方法是联合起来，分担建立一个公正、可持续供应链的成本。在矿业方面，世界上最大的矿业公司正试图通过集体同意实施联合国的人权指导原则来处理其人权问题。

当然，合作创造公共产品的问题在于，尽管我们都能从它们的存在中获益，但我们往往会受到"搭便车"的诱惑，让别人去做建设或维护的艰苦工作。幸运的是，人类很擅长解决公共产品问题。例如，在我儿子还小的那几年，我举办了一场精心准备的大型复活节彩蛋狩猎活动。早年，我试图给每个人提供午餐，但过了一段时间，我的朋友们开始带菜来，聚会逐渐变成了百乐餐活动。午餐通常都很美味，有精致的千层面、美味的沙拉，以及非常棒的自制饼干和蛋糕。

但只有每个人都参与进来，百乐餐才能行得通。花心思做一个精致的千层面，就像花心思确保你的供应商爱护环境并遵守良好的劳工制度。"搭便车"的诱惑总是有的——带着一包变质的饼干来。如果每个人都认为没有人会做饭，那么就不会有人费心，也就没有午餐了。但当每个人都认识其他人，并且每个人都期望继续合作时，这种情况很少发生。我们对千层面的制作者大加赞赏，而对那些带变质饼干来的人，我们则会无情地嘲笑或者以不会再次邀请他们作为惩罚。有时，就像在许多家庭、军队、摩托车帮派、教会、体育迷、大学，以及其他千奇百怪的俱乐部中一样，我们对这个群体如此认同，以至于我们乐于贡献一切来确保它的成功。事实上，现代心理学表明，我们天生就有"群体性"，就像我们是"自私"的一样——人类在群体中进化，羞耻和自豪等情感及责任和荣誉等观念确保我们喜欢成为团队的一部分，并对那些偷懒或占便宜的人嗤之以鼻。

理解人类历史的一种方法是将其视为我们在越来越大的范围内合作能力不断增强的故事。我们首先在家庭内部建立合作，其次在大家族中建立合作，最后在村庄、城镇和城市中建立合作。成功的国家培养了对"他人"的蔑视和对祖国的自豪感，以说服人们纳税并和平参与政治进程。最好的例子是大公司，它们是合作的社区，说服成千上万的人为一个共同的目标而努力。重塑商业社会需要利用这种合作能力，发动它在更大范围内解决公共产品问题。

此类活动的技术术语是"自我调节"，它可以发挥巨大的作用。它让公司之间，以及公司与其他行业和政府合作伙伴互动，一起寻求解决共同问题的办法，通常是初始的解决方案被证明是后续实践的典范。但它本身就很脆弱，很多合作协议都未能实现其目标。以耐克和纺织品行业为例，仍然有一些企业，特别是规模较小的企业，或是来自行为不端的声誉成本不高的那些国家的企业，更容易受到

"作弊"的诱惑，向价格最低的投标者采购，并容忍有问题的做法。事实证明，如果没有国家的帮助，这种合作通常很难维持，而各国政府都行事乏力。如果我们要重塑商业，就需要私营部门参与到重建制度和修复政府的努力中。

第五块拼图：重建制度并修复政府

创造共享价值，学会合作，调动金融的力量，都会推动进步。但有太多的问题，没有政府的力量就无法解决。哪怕有相当一部分美国企业采取了高标准的劳动战略，他们的承诺似乎也不太可能显著减少不平等。太多的企业会有短期的动机，走低端路线，竞相模仿。许多企业认为它们根本无法承担提高工资的成本。

此外，如果不采取行动解决导致不平等的各种因素，从税法的变化到有组织的劳工代表人数的下降，再到大公司日益占据主导地位，以及美国教育体系未能跟上现代工作场所的需求。单方面提高工资不太可能持续。这些都是只有通过政治行动才能解决的问题，只有在我们能够抛开民粹主义和分歧僵局后，政府才会颁布这类措施。我们要解决所面临的问题，唯一的办法就是找到一种平衡市场力量与包容性体制力量的方法，而致力于社会健康发展的使命导向型企业可以为实现这一目标发挥重要作用。

过去，工商界在建立包容性体制方面发挥了关键作用，现在它还可以再次发挥作用。例如，在17世纪的英国，正是商贩和其他实业家组成的联盟废黜了国王，并首次制定了议会的规则。新英格兰的清教徒借鉴了为公司设计的章程，用来建立文明政府。

当然，重建体制是一个集体行动问题，但那些正在寻求创造共同价值的公司，那些试图尊重员工并正在学习合作行动的公司，是解决这一问题的理想选择。它们已经下定决心要有所作为，而且它们会发现，只有在坚定致力于公共利益的政府的支持下才能实现自己的目标。

重建体制需要开发新的行为方式和新的信仰方式，就像它需要制定新的法律和新的规章一样。

我经常试图淡化表达个人价值观的勇气在推动必要变革中的作用。有时，当我盛装（时髦的黑色外套、鲜艳的围巾、我能驾驭的最高的高跟鞋）站在舞台上，面对满屋子有权势的人，我很想告诉他们，他们应该努力解决世界上的问题，仅仅是因为这会让他们赚更多的钱。这个说法最大的优点就是真实，我知道他们会喜欢的。我有时会担心，如果我开始谈论"价值观"和"使命"，他们会觉得我是个不懂商业世界的残酷现实、想法"天真"的女性，而不把我当回事。但改变很难。在我职业生涯的前20年，我一直在试图说服柯达和诺基亚这样的公司改变他们的方式，我知道总有一千个理由让人低下头，忽视即将发生的事情，专注于下一季度的业绩。

我永远不会忘记曾经在摩托罗拉寻呼部门的一次谈话。那是佛罗里达州炎热的一天，我在一间没有窗户的会议室里，拿着一个看起来很像智能手机的粗糙原型，那时候还没有人听说过黑莓，更不用说iPhone了。我滔滔不绝地宣扬对新技术进行重大投资的好处，但部门经理怀疑地看着我，直到今天我还记得他眉毛的弧度，接着他说：

我明白了，你的意思是说，我们要在一个可能存在也可能不存在的市场上投资几百万美元，但这个市场肯定比我们现有的市场小，去开发一个客户可能需要也可能不需要的产品，使用一种几乎肯定比现有产品线利润更低的商业模式。你还警告我们，进行这个投资会遇到严重的组织问题，而我们目前的业务急需资源。再跟我讲一次，我们为什么要这么做？

新的做事方式总是看起来有很大的不确定性，而且几乎总是比现有的方式利润更低。但抓住它们常常能带来丰厚的回报，而拒绝它们——就像摩托罗拉那样，往往会导致灾难。20年的研究告诉我，那些能够改变的公司都是有理由这样做的。使命是提供重塑商业所需的远见和勇气的燃料。

经营一家试图改变世界的公司并不适合胆小的人。我所知道的成功的使命导向型领导者几乎都是"精神分裂"的，他们能够从对利润的不懈追求，切换到对更高利益的热情倡导。希腊酸奶品牌

Chobani的创始人和首席执行官哈姆迪·乌鲁卡亚是真正的使命导向型领导人。他实际上是两个人：一个努力的商人和一个富有同情心的人道主义者。"我是个牧羊人，也是一个战士，"他在被问及时说道，"我在这两者之间切换自如。我是个游牧民族，游牧民族是最真实的人，你无法伪装。"

几年来，我有幸促成了保罗·波尔曼的战略撤退。保罗当时是联合利华（Unilever）的首席执行官，他正在试图说服他的高级团队，让他们相信致力于解决世界的问题不仅是正确的做法，也是通往行业领导地位的正确道路。他能够从热情洋溢地讨论联合利华如何让世界变得更美好的千百种方法，无缝切换到无情地盘问一位部门总裁为什么没有完成本季度的销售目标，以及他具体要怎么做。

经营一家致力于做正确事情的公司比经营一家传统公司更难。这要求你同时要成为一个优秀的管理者和有远见的领导者。既要冷酷地专注于数字，又要胸怀更广阔的世界。但是，这样的管理方式是完全可能的，而且更加有趣。像哈姆迪和保罗这样的领导者正在重塑商业。他们在为投资者创造价值的同时，也没有忘记对赖以生存的世界的责任。建设一个公正和可持续的世界既不容易，也不便宜。但我认为，我们没有其他现实的选择，必须找到一种方法来实现它。

最近与我共事的一位首席执行官描述了他与两位最重要的投资人的对话。

> 我照例给他们讲了我们的营业利润率是如何提高的，

以及我们为增长所做的投资如何得到了回报,他们也问了我一些寻常的问题。然后我问他们是否认为气候变化是真实存在的,如果是真的,世界各国政府是否会解决这个问题。他们说是真的,但政府不会去解决它,然后是一阵沉默。我问他们是否有孩子,他们说有。于是我说:"如果政府不打算解决这个问题,谁来解决呢?"又是一阵沉默,然后我们开始了真正的对话。

欢迎来到世界上最重要的对话。

03

重新定义商业的关键

降低风险，增加需求，削减成本

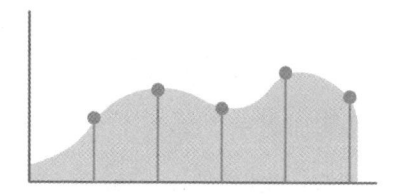

> 金钱就像爱情，它缓慢并痛苦地折磨着独占它的人，使得愿意给予他人的人变得快活。
>
> ——纪伯伦

> 金钱，在某些方面就像火。它是个非常出色的仆人，却也是个糟糕的主人。
>
> ——P.T. 巴纳姆，《赚钱的艺术：或赚钱的黄金法则》，1880 年

就重要问题进行对话很重要，毋庸置疑。但是否有证据表明，创造共享价值，或善待他人、减少环境损害也是有商业价值的？绝对有的。

如今，成千上万的公司甚至在解决社会和环境问题的同时赚了数十亿美元。在美国，太阳能产业现在价值840亿美元，雇用的人员比煤炭、核能和风能加起来还要多。风能为美国提供了7%的电力。因为太阳能的价格大幅下跌，印度取消了建设14个大型燃煤电厂的计划。仅2018年，美国就售出了200万台充电式电动车，而且其销量还在呈指数级增长。预计在未来10年内，肉类市场规模将达到1400亿美元。

但是，要重塑商业，我们就必须重塑每一项业务，而不仅仅是那些热门的业务。世界各地的公司都声称要有所作为，否则千禧一代就不会为他们工作。但绿色环保真的能够成为一种商业模式吗？挪威回收公司就是个很好的例子。但它毕竟是在废弃物处理行业，所以发现他们可以通过更好地回收利用资源来赚钱，也许并不那么令人惊讶。埃里克·奥斯蒙森是公司的首席执行官，有权力推进自己的想法。但是，对于那些从事普通工作的人，每天面对竞争压力及同事和老板怀疑的眼神，真的能找到重塑的方法吗？哪怕他们卖的是袋泡茶？答案通常是肯定的，但这样做需要盟友、勇气和对行业的透彻把握。

寻找做正确事情的理由

米歇尔·莱恩塞于 2006 年夏天加入联合利华，担任立顿的品牌开发经理。他来自一个叫作本杰瑞（Ben & Jerry's）的冰淇淋公司，这家小型公司拥有强大的品牌和优质的产品，使该公司得以开发出著名的并为此收费的绿色供应链。但立顿作为世界上最大的茶叶品牌，却持有一个完全不同的主张。

茶是在世界上受欢迎程度仅次于水的饮料。近一半的人每天都喝茶：2018 年，全世界喝了大约 2730 亿升的茶，约合 1 万亿杯。联合利华每年售出价值近 60 亿美元的茶，其中大部分是袋泡茶，销售袋泡茶是一项竞争极为激烈的业务。袋泡茶本身很便宜，比如在撰写本书时，在沃尔玛（Walmart）用 3.48 美元就可以买到 100 个立顿袋泡茶（或者以每个"高达"约 3.5 美分的价格购买），而大多数消费者并不觉得这些大品牌的质量或口味有多少差异。当米歇尔接手立顿时，该行业似乎进入了一个死胡同。长期供过于求，再加上产品之间缺乏真正的差异化，迫使大品牌降价，而这又反过来迫使所有人都进一步降价。2006年，袋泡茶的价格还不到其20世纪80年代中期峰值的一半。那该怎么办呢？

于是，米歇尔与茶叶行业的同事密切合作，提出了一个令人惊讶的违反直觉的建议：他们建议联合利华公开承诺采购那些100%以可持续方法种植的茶叶。这将是一项非常艰巨的任务，除其他事项外，需要培训超过50万的小农户，这将大大提高公司采购茶叶的价格。换句话说，在持续的价格战中，米歇尔反倒提议在本就竞争激烈的业务中提高成本。说这不是一个教科书般的做法，那是十分客气的了。如果米歇尔走进我的办公室来征求我的意见，我很可能会让他躺下休息，直到这种想法消失。结果，米歇尔和他的同事花了五个月时间进行一对一的谈话，才说服他们的老板他们并没有失去理智。

他们是怎么想的？

米歇尔和他的同事们提出了几个论点。首先是确保供应，种茶可能是个具有破坏性的生意。对于一些小农户来说，种茶意味着把热带雨林转化为农业用地，而这可能导致生物多样性降低和土壤退化。采伐烘焙茶叶所需的柴火会导致当地滥伐森林，进而削弱土壤的保水能力。然而，对于大多数农民而言，不可持续的做法是想方设法提高单位产量而非种植面积的结果。传统的茶叶生产需要大规模使用杀虫剂、农药和化肥，它们会降低土壤质量，加剧了水土流失。多年来的商品化导致价格螺旋式下降，在农户努力保障收入的同时，工人和环境的压力也越来越大。茶农奋力地在不断受到侵蚀的退化土壤上维持产量，使用的化学品越来越多，进一步加快了土壤的侵蚀和退化。茶叶生产也特别容易受到全球变暖的影响，因为温度升高、干旱和洪水都可能使茶叶种植变得更加昂贵和困难。他的团队认为，目前的做法正在使整个供应链面临可行性风险。用米歇尔的话来说："如果我们不做些什么来改变这个行业，总有一天，我们将无法得到所需要的质量和数量的茶叶了。"由于联合利华在全球品牌茶叶采购中占很大一部分，这对该业务构成了重大风险。例如，以巧克力中的关键成分可可为例，不可持续的种植方式加上气候变化的影响，使其供应远远落后于全球需求，可可价格也因此变得越来越不稳定。

第二个论点则集中在保护联合利华的茶叶品牌的必要性上。传统茶园的工作条件可能十分恶劣。采茶是一项劳动密集型产业，需要工人每10至12天采摘每棵树顶部的两三片叶子。但采茶工人一天的工资往往不到1美元，很多人的居住和卫生条件不佳，而且很少或根本没有机会获得医疗保健或子女教育支持。在孟加拉国和印度，茶叶工人常受急性营养不良之苦，是最为贫穷的工种。该团队认为，由于未能坚持在供应链中采取更好的做法，联合利华面临受到攻击的风险——在大众媒体时代，此类攻击可能会让公司付出巨大代价。

该团队成员还建议说，说服茶叶供应商采取更可持续的做法是可能的。米歇尔的同事们拉着他来到了凯里乔，这是位于肯尼亚的一座2.1万英亩的美丽茶叶种植园，联合利华在此已经营多年。凯里乔的茶叶生产比该行业的其他地区更具可持续性。例如，茶树的剪枝被留在地里腐烂，而不是作为垃圾丢掉，或是用作柴火和牛的食物，这种做法能最大程度地提高土壤肥力和保水能力。庄园认真管理其肥料的使用。现场的水力发电机提供可靠的电力，其成本仅为从肯尼亚电网购买电力的三分之一，而焙茶所用的木材来自庄园边缘种植的快速生长的桉树林。由于当地气候适宜，加上对周围土地的管理适当，凯里乔极少使用农用化学品和其他农药，那里是许多害虫的天敌的家园。

与此同时，凯里乔的产量位居世界前列：茶叶产量为每公顷3.5至4吨，几乎是大多数传统茶园的2倍。这意味着，他们有能力向1.6万多名员工支付超过当地农业最低工资的2.5倍的工资。此外，公司向员工免费提供宿舍和医疗保健，员工的子女在公司开办的学校接受教育。如果联合利华能够提出一种方法来支付培训供应商及认证茶叶的费用，那么似乎供应商有可能愿意改变做法——而联合利华仅需为茶叶支付约5%的溢价。

米歇尔和同事提出的第三个也是最关键的论点是：拥抱可持续性将增加消费者对联合利华茶产品的需求。他们不认为自己有任何机会说服联合利华的顾客为茶支付更高的价钱。如果你去问消费者的话，大多数人都说得好听。比如在最近的一次全球性研究中，近四分之三的消费者声称，自己会改变消费习惯以减少对环境的影响。近一半的人声称愿意放弃流行品牌，改买环保产品。在拉丁美洲、非洲和中东，大约90%的受访者表示公司迫切需要解决环境问题。但总的来说，大多数消费者，在大多数情况下，不会为可持续产品支付更多的费用。在某些情况下，中年中产阶级妇女愿意为可持续产品支付更多的钱，还有些人愿意支付更多的钱去购买咖啡和巧克力等高端产品。但对于大多数人而言，至少在今天，产品的可持续性是"有了更好"，而不是"非有不可"。

在价格战正酣时，最重要的原材料成本增加5%是一笔不小的数目（特别是当你认为无法提价时），但在本杰瑞公司时，米歇尔曾协助推出了世界上第一款"公平贸易"冰淇淋，他密切关注环境和劳工问题会如何影响购买行为。他希望至少有一部分立顿的消费者足够关注这些问题，愿意转而购买可持续发展的品牌。

看到这儿，你可能就明白为什么米歇尔和团队花了近6个月的时间来说服高级管理层批准这个想法。他们做到了。根据数年之后的访谈，我的感觉是，团队对于"这是正确的事"充满激情，而且相当有说服力的是，他们所主张的三种业务模式中至少有一种能够盈利。联合利华长期以来一直是一家以价值为导向的公司，我的感觉是，崇高的使命和经济上的可行性结合起来促成了这件事。

不管怎么说，这三个论点都有一定的道理。联合利华在肯尼亚和坦桑尼亚的庄园是第一批被认证为以可持续方式种植茶叶的地方。然后，该团队确定了非洲、阿根廷和印度尼西亚的大型供应商的优先名单。其中许多庄园已经得到专业管理，并利用可用的工具对现有做法进行了调整，从而获得了认证。下一步是对向联合利华供应茶叶的50万肯尼亚小农户进行认证。联合利华与肯尼亚茶叶发展局（KTDA）和荷兰可持续贸易倡议（IDH）合作，设计了一个"培训培训师"的项目，使可持续农业实践在肯尼亚迅速推广。每家茶厂选出30至40位领头茶农，每人接受约3天的培训。每位领头茶农又要通过农民田间学校培训大约300名农民，培训的重点是可持续农业实践的动手示范。大多数新技术并不需要在实践中做出巨大改变或进行大量投资。例如，让农民把修剪下来的枝叶留在田里（以改善土壤质量），而不是拿走当柴火，就需要说服农民专门种树作为燃料。这些树种非常便宜，联合利华对费用进行补贴。他们还鼓励农民用有机废弃物来制作堆肥而不是焚烧它，以及更好地利用废弃物和水。

有些变革成本高昂。例如，认证标准要求在喷洒（已批准的）农药时使用个人防护设备。这可能要花费高达30美元，相当于一个小农户半个月的工资。对此类情况，雨林联盟——负责认证的非政府组织，与像根资本（Root Capital）[1]和国际金融公司（IFC）这样的组织合作来协助购买，而某些地方的小农户则集资购买一套设备共用。一项研究表明，第一年的净投资总额不到农场现金总收入的1%。

许多农场通过实施更可持续的做法，将产量提高了5%至15%，同时茶叶质量改善，经营成本降低，并有机会拿到更高的价格，平均收入估计增加了10%至15%。但据凯里乔庄园的经理理查德·费

---

[1] 根资本是一家非营利性社会投资基金，为发展中国家的农村企业提供融资。它投资的是介于小额信贷和商业贷款之间的一类资本。

尔伯恩说，对农民而言，那些无形的好处最为显著。"肯尼亚的小农户最终感兴趣的是建立一个可以传给子孙后代的健康的农场，这就是与他们产生共鸣的'可持续发展'。"

那么承诺给联合利华的利益呢？

到 2010 年，西欧、澳大利亚和日本的所有立顿黄标和 PG tips 茶包都获得了全面认证；而到 2015 年，立顿茶包中的所有茶叶——来自雨林联盟认证的茶园，约占联合利华茶叶产量的三分之一。这一工作改变了数十万茶叶工人的生活，也证明了大幅提高供应链的健康程度和适应力是可能的。但是，正如预测的那样，联合利华的成本大幅增加。茶叶供应仍然强劲，联合利华的品牌无一受到无法控制的负面宣传的影响。但把风险规避作为商业理由有一个问题，就是它往往很难衡量。米歇尔需要证明需求的增长。

就这方面来说，除非能说服在每个市场上的同事都为这个项目投入营销力量，否则什么也做不成，但并非所有人都觉得这是个好主意。当时，联合利华的营销是一项高度分散的活动，每个国家都有自己的营销团队，每个团队都可以自行决定是否及在多大程度上把可持续发展作为立顿的一种品牌身份来推广。头一年，至少有一个主要地区——美国，决定不在其营销活动中使用可持续发展主题，而法国则对其是否会产生效果持高度怀疑态度，只是迫于压力才引入它。但在那些当地组织热情拥抱这一理念的市场，联合利华的份额显著增加。例如，英国市场约占联合利华茶叶销售额的 10%，由联合利华旗下的 PG tips 和其竞争对手泰特莱（Tetley Tea）两大品牌主导，它们各占了大约四分之一的市场份额。

PG tips 品牌是一个面向大众市场的工人阶级品牌，其广告活动充满了另类的英式幽默。营销团队将可持续发展倡议作为一项重要的品牌创新，并将全年 1200 万欧元（约合 1300 万美元或 1000 万英镑）的营销预算用于推广这项工作。它面临的挑战是如何找到一个能引起消费者共鸣的信息，同时与品牌的核心主张保持一致。"这是一个巨大的挑战，"该活动的一位成员解释说，"我们必须用符合品牌身份的语言，以一种不用说教就能解释复杂话题的方式与主流消费者对话。"它们所选择的广告语"尽你的一份力：把水壶烧上"，强调消费者可以通过饮用 PG tips 采取积极行动。该广告活动试图保持该品牌以往广告中的轻松诙谐，并使用了广为熟知的角色：一个叫 Monkey 的会说话的猴子和一位叫艾尔的工人阶级消费者。例如，在其中一则广告中，Monkey 在厨房里用幻灯片向艾尔解释了可持续发展意味着什么，以及对他来说做正确的事情是多么容易。

在这一营销活动之前，PG tips 和泰特莱茶叶一直在努力争夺英国市场的头把交椅。在这次活动之后，PG tips 的市场份额增加了 1.8 个百分点，而泰特莱则保持相对平稳。PG tips 的重复购买率从 44% 上升至 49%，销售额增加了 6%。调查显示，在该活动启动后，人们对 PG tips 作为一个道德品牌的看法一直在稳步上升。

在澳大利亚 2.6 亿欧元（约合 2.88 亿美元或 3.45 亿澳元）[1] 市场

---

1 按照 2011 年 12 月 2 日汇率，1 欧元 ≈ 1.31 澳元计算。

中，立顿品牌占据了近四分之一的份额。当地团队选择了"用立顿做出更好的选择——全球首款雨林联盟认证茶叶"作为广告词，并发动了投资110万欧元（约合120万美元或140万澳元）的营销活动，销售额增长了11%，立顿的市场份额从24.2%上升至25.8%。在意大利，联合利华的市场份额约为12%，当时选择的广告词是"你的小杯子可以带来巨大的不同"，销售额增长了10.5%。

在像茶叶这样竞争激烈的消费品行业中，这些都是很不错的数字。根据我粗略的计算表明，联合利华在头几年就实现了收支平衡，同时显著强化了品牌。2010年，正是这样的经历促使新上任的首席执行官保罗·波尔曼承诺公司实施"可持续生活计划"。该计划在全公司范围内设定广泛的目标，以改善消费者的健康和福祉，减少对环境的影响，更雄心勃勃的是，到2020年，100%的农业原料将实现可持续采购。这个目标意味着要对供应链进行大规模的改造，该供应链采购了近800万吨的商品，涉及50种不同的作物。保罗认为这可以成为竞争优势的来源，至少部分原因是联合利华在茶叶方面的经验。米歇尔和他的同事们已经证明对可持续发展的承诺可以得到回报，或者至少对联合利华来说，有可能以10亿美元的规模创造共享价值。

米歇尔的成功突出了创造共享价值的四种途径中的两种：降低风险和增加需求。下面我会探讨降低风险这一推动变革的途径。利用可持续发展来增加边际需求的做法越来越广泛。消费者通常不会为可持续性支付更多的费用，但如果他们找到了自己喜欢的产品——在质量、价格和功能方面都符合要求的产品，那么许多人会转而购买更为可持续的产品。2019 年 6 月，联合利华宣布，其使命导向的"可持续生活"品牌的增长速度比其他业务快 69%，并贡献了公司 75% 的收入增长。

米歇尔的成功也证明了重塑商业不仅仅是首席执行官们的游戏。米歇尔在立顿找到了盟友，尤其是供应链中的管理人员，他们曾在非洲和印度实地工作多年，并热衷于改变茶叶业务的运作方式。他们一起找到了构建和实施商业理由的方法，帮助触发了整个公司的转型。

利用拥抱共享价值来降低风险和增加需求，是创造经济回报的有力途径。沃尔玛在卡特里娜飓风中改变文化的经历，使其发现了拥抱可持续发展的另一个重要原因：事实证明，地上就有没捡起来的钱——大量的钱。清理自己的环境足迹是降低成本的好方法。

沃尔玛和 200 亿美元的账单

从李·斯科特的成长背景来看，你大概不会猜到他长大后会成为一个热情的环保主义者。斯科特在堪萨斯州的巴克斯特斯普林斯长大，他的父亲拥有一家菲利普 66 加油站，母亲是当地小学的音乐老师。高中毕业后，他在当地一家轮胎模具制造公司工作。21岁时，他为了支付大学学费开始上夜班，并与妻子和儿子住在一个小拖车里。

7年后，他住在阿肯色州的斯普林代尔，在一家名为耶路货运（Yellow Freight）的卡车运输公司担任码头经理。在这里，当斯科特试图为耶路货运讨债时，遇到了大卫·格拉斯——10年后将成为沃尔玛的第二位首席执行官的人。格拉斯认为账单有误，拒绝支付账单，但他被斯科特的诚意和干劲儿所打动，给斯科特提供了一个工作机会。斯科特拒绝了。后来他说，他当时告诉自己："我不会离开美国发展最快的卡车运输公司，去为一家付不起7000美元账单的公司工作！"但两年后，格拉斯成功说服他加入沃尔玛，担任物流部助理总监。20年后，斯科特成了沃尔玛的第三任首席执行官。

这对沃尔玛来说是一段艰难的时期。斯科特发现自己正处于一场媒体风暴的中心。按照所有传统的衡量标准，沃尔玛是一家非常成功的公司——事实上，在很多方面，它象征着自由市场的所有优点。它体现了"局外人"如何能够做成大事：沃尔玛成立于阿肯色州的农村，基于一个极为不可能的想法，即为美国农村提供零售服务是一项有利可图的业务。30多年来，沃尔玛重塑了零售业，发展了物流、采购和分销方面的技术，使其成为世界上较大的公司。2000年，当斯科特接任首席执行官时，沃尔玛的年收入约为1800亿美元，雇员超过110万人。

当外界关注沃尔玛惊人的财务回报时，像斯科特这样的内部人士则对沃尔玛如何影响人们的生活感兴趣。如果你在沃尔玛工作，"省钱，让生活更美好"并不是一句空洞的企业口号，而是令人信服地讲述了公司最深层的使命。一项独立研究发现，1985年至2004年，沃尔玛平均为每个美国家庭节省了2329美元，即每人约895美元。沃尔玛管理团队中，75%的人都是从基层晋升上来的，斯科特和他的同事们将公司看作一个强大的引擎，让那些本可能被排除在经济主流之外的人获得经济地位的提升。

但该公司的批评者对其影响有截然不同的看法，进入21世纪后，沃尔玛发现自己越来越常受到抨击。沃尔玛被指责挤走了无法与其价格竞争的小型独立商店，损害了市中心地区的利益。工会声称，沃尔玛在反工会活动方面越界，其工资和雇佣行为迫使大量沃尔玛员工加入政府支持计划，以获得食品、房租和医疗补助。该公司因性别歧视而被起诉，并因雇用在美国非法生活和工作的工人而被调查。此外，它还被指控违反了童工法，并从供应商那里购买由童工制造的产品。沃尔玛的竞争对手和供应商也面临类似的指控，但沃尔玛的行为在媒体上受到的关注明显更多。一家咨询公司报告称，沃尔玛54%的顾客认为其行为"过于凶狠"；82%的顾客希望公司"为其他企业做出榜样"。也许最要命的是，有2%至8%的顾客因为"听到了负面新闻"而停止在沃尔玛购物。当我第一次和儿子说"沃尔玛是我所知道的比较注重可持续发展的企业之一"时，他怀疑地看着我。"我相信你，妈妈，"他说，"因为你是我妈妈，但其他人都不会相信。"

斯科特后来反思这场批评风暴时表示，他之所以迟迟没有意识到这一点，是因为他认为这些负面反馈来自"蓝州精英"，他们不在沃尔玛购物，因此不了解公司为消费者省下的钱。沃尔玛首任可持续发展负责人安迪·鲁本回忆说，在沃尔玛内部，"你感觉自己就像身处某种掩体中，只要抬头就会面临敌人的炮火。在我所看到的情况下，那些人有着如此伟大的意图，他们的愿望是什么，他们正在做什么，与如今在本顿维尔之外的地方对它的看法之间存在如此大的差异"（沃尔玛总部位于阿肯色州的本顿维尔）。一位与该公司密切合作的专家后来回忆说："他们当时在本顿维尔非常孤立，他们真的不明白为什么人们不喜欢他们。他们说：'我们做的每件事都是对的。我们每天向客户提供最低的价格，勤奋且诚信。'这就是他们的故事。"

2004年9月，斯科特召开了为期两天的场外会议，重点讨论了"沃尔玛的世界现状"及公司如何应对批评者的问题。在随后于12月举行的会议上，与会者一致认为，沃尔玛是时候采取"强有力的企业责任立场"了。8个月后，卡特里娜飓风袭击了墨西哥湾沿岸，这给了斯科特一个以强有力的方式启动新战略的机会。

卡特里娜飓风是美国历史上最具破坏性的灾害之一。它淹没了新奥尔良及其周围的社区，造成1000多人死亡，100多万难民丧生，估计损失达1350亿美元。整个地区的沃尔玛门店不等总部下达命令，就开始为幸存者做一些力所能及的事情——发放食品和衣物，并为救灾人员提供住所。密西西比州韦夫兰的一位店长"开着一台推土机，清理出一条进入和穿过该店的道路，并开始寻找一切干的东西，送给那些需要鞋袜、食物和水的邻居"。在与高管团队的电话会议上，斯科特告诉大家做出反应时不要考虑本季度的预算。沃尔玛公司层很快就支持了当地的工作，捐赠了2000万美元的现金，是公司最初承诺的10倍，还有100辆卡车的货物和10万份饭菜。

媒体赞扬了沃尔玛在危机初期政府主导的救援工作基本失败的情况下对飓风的反应。《华盛顿邮报》一篇题为"沃尔玛走在飓风救灾最前线"的文章指出，"让这家公司成为一个引发广泛担忧的竞争者的成熟的供应链，如今恰恰是被水淹没的墨西哥湾沿岸所需要的"。路易斯安那州杰弗逊教区（Jefferson Parish，Louisiana）的主席亚伦·布鲁萨德在面向全美广播的周日早间电视新闻节目《与媒体见面》上表示："如果美国政府的反应能像沃尔玛一样，我们就不会陷入这场危机了。"

次月，斯科特在一次向沃尔玛所有供应商及全球所有门店、办公室和配送中心广播的演讲中，引述了沃尔玛在飓风中的经验，宣布对可持续发展的重大承诺。他提出了三个关键目标：100%使用可再生能源、零浪费、销售能够保护资源和环境的产品，以及其他一些承诺，包括在7年内减少20%的温室气体排放，并将沃尔玛运输车队的效率提高1倍。他还承诺在医疗保健、工资、社区和多元化方面采取行动。

斯科特在2005年制定了这些目标。当时，可持续发展还是一个小众问题——只有像巴塔哥尼亚（Patagonia）和本杰瑞这样的公司才会关心这个问题。沃尔玛的承诺在当时是革命性的。回想一下，联合利华直到2010年才宣布其"可持续生活计划"。这对于公众对公司的看法产生了立竿见影的效果——一切尽在掌握之中。2008年的一份报告显示，尽管在2007年，沃尔玛在27家零售公司的道德声誉排名中位居最末，但在2008年却跃居第三（仅次于玛莎百货和家得宝）。

但是，意想不到的事情发生了。沃尔玛发现，节约能源让公司赚了不少钱。到2017年，沃尔玛已经实现了将运输车队效率翻倍的目标，每年节省的运输成本超过10亿美元——约占净收入的4%。沃尔玛没有公布详细的投资数字，但在2007年和2009年，我们知道它在提高能源效率和减少温室气体排放方面的支出约为5亿美元。如果它继续以这样的速度支出——如果这些支出的唯一好处是提高了卡车运输效率，那么快速计算一下就知道它至少获得了13%的资本回报率，与此同时，许多零售企业还在为了5%或6%的利润手忙脚乱。在同一时期，沃尔玛还将其门店的能源效率提高了12%。根据我粗略的计算，目前每年为他们节省约2.5亿美元。

有人可能会说，这本来就没什么可惊讶的。工程师和顾问们多年来一直在说，节能是可以赚钱的。例如，2007年，世界上一家领先的咨询公司发表了一份研究报告，声称只要采取在当时能够盈利的节能措施，全世界就可以减少25%的能源使用。微调供暖和制冷系统通常在一年内就能收回成本，因为老式建筑供暖和制冷所使用的能源中有30%～40%被浪费了。作为世界十大私募股权公司之一，

KKR声称已经节省了超过12亿美元的能源成本，现在会定期要求其收购的每家公司进行能源和用水审计，因为这种审计的经济回报率是如此之高。现在至少有10亿美元的业务可以通过节能减排帮助企业节约资金。

但需要有战略眼光才能发现这类节约。这并不稀奇，在立顿，建立一个可持续发展的商业模式意味着要实现消费者行为的根本转变可视化。沃尔玛的突破来自对日常运营细节的关注，这是一个截然不同的角度。就其本身而言，沃尔玛的变革与立顿的一样深刻。

在能源领域玩转赔率

我想回到降低风险的概念，把它作为追求共同价值的经济理由。我们在联合利华的茶叶案例中看到，降低风险可能很重要，但难以量化。如果这些风险很常见，并且有足够的数据来很好地把握它们发生的可能性（例如房屋火灾或车祸），任何特定风险的损失都可以相当精确地被量化。这些计算造就了保险业。但是，如果是一种全新的风险，要估计应该付出多少代价来规避它们就变得困难得多。

也许这就是为什么许多公司还没有将气候风险纳入他们的考量中，尽管显然有些事情正在发生。例如，自20世纪80年代以来，与天气相关的保险损失的规模增加了5倍,达到每年550亿美元左右,未投保的损失也是原来的2倍。最近的一项研究表明,保险业可能仍然把极端天气造成的损失低估了高达50%。迈阿密的海平面在过去30年里上升了大约6英寸。目前的预测表明,到2035年,海平面将再上升6英寸。上升12英寸的海平面加上朔望潮或飓风,很可能会对海滨财产造成灾难性的破坏。即使这些信息都是现成的,我知道至少有一家大型银行在承保佛罗里达州海滨房地产的抵押贷款时,没有将这种可能性纳入对房产价值的计算中。

2019年4月,英格兰银行行长马克·卡尼和法兰西银行行长弗朗索瓦·维勒罗伊·德加洛发表联合声明,指出极端天气事件造成的保险损失在过去30年中增加了5倍。他们认为,金融市场面临着气候"明斯基时刻"的风险(这是引用了经济学家海曼·明斯基的工作,他的分析被用来说明银行在2008年金融危机前是如何过度扩张的),并警告那些未能适应气候变化的公司和行业可能会不复存在。

2019年10月,美联储主席杰尔姆·鲍威尔致信参议员布莱恩·沙茨,指出气候变化"被视为与央行越来越相关的议题"。同月,旧金山联储发表了18篇论文,探讨了气候变化对金融系统带来的风险。

个别公司应该如何思考这些风险,并围绕它们采取行动呢?一种策略是不要把对可持续发展的投资看作向未知领域的飞跃,而是看作一种战略避险。比如我们来看看中电集团的例子。

2004年,亚洲较大的由投资者所有的公用事业公司之一的中电集团(CLP,以下简称"中电")宣布,到2010年,其5%的电力将来自可再生能源。2007年，中电加大这一承诺的力度，承诺到2020年，其20%的发电组合将实现去碳化。这些目标是亚洲所有电力公司中最雄心勃勃的，而从许多传统的标准来看，这些目标毫无意义。

中电的大部分发电站都是燃煤发电，这在亚洲并不罕见。煤炭在亚洲是首选的发电燃料，因为它容易获得且相对便宜。2007年，燃煤发电比太阳能、风能和核能发电要便宜得多。2013年，在太阳能和风能成本大幅下降之后，中电依然认为风能的成本将比煤炭高30%，而太阳能的成本将是煤炭的3倍。

他们在想什么呢？

我认为，中电关注的是继续严重依赖燃煤发电的风险。坚持使用煤炭会带来巨大的政治风险。发电厂无法移动，寿命长，而且非常昂贵。它们一般需要3至5年的时间来建造，然后发电25至60年。由于它们无法移动，而且往往是一个地区唯一的电力供应商，他们的成功取决于与当地社区保持良好的关系，或者说取决于通常所说的"运营许可证"。中电认为，到了某个阶段，当地社区确实有可能开始指责燃煤发电站造成社区污染和城市洪灾，这可能使其运营许可证受到严重威胁。他们担心，政府可能会采取行动惩罚燃煤发电站——可能是通过某种碳价或碳税来提高煤价，或是干脆将其关闭。

坚持使用煤炭也会带来技术风险。中电认为，太阳能和风能的成本确实有可能急剧下降。大多数新技术在刚推出时都很昂贵。例如，第一款便携式消费手机，1983年需要3995美元（如果以2018

年的货币计算就要 1 万多美元）。但大多数技术都会经历所谓的"学习曲线"。随着需求的增加，企业投入更多的研发资金，随着产品中融入的技术越来越多，企业的制造技术也会越来越好。虽然太阳能和风能的价格在 2007 年仍然比煤炭贵得多，但很明显，它们迟早会更便宜。

我不知道中电是否曾给这两种风险设定过精确的概率。但在 2008 年，当我问一些公用事业公司的高管，他们会给这两种风险设定什么样的概率时，我得到了非常一致的估计。大多数高管认为，在未来 20 年内，可再生能源与化石燃料相比具有成本竞争力的可能性约为 30%，公众压力迫使政府对碳征税或定价的可能性约为 30%。我们将这两个不确定因素映射成一个 2 × 2 矩阵，如图 3.1 所示：

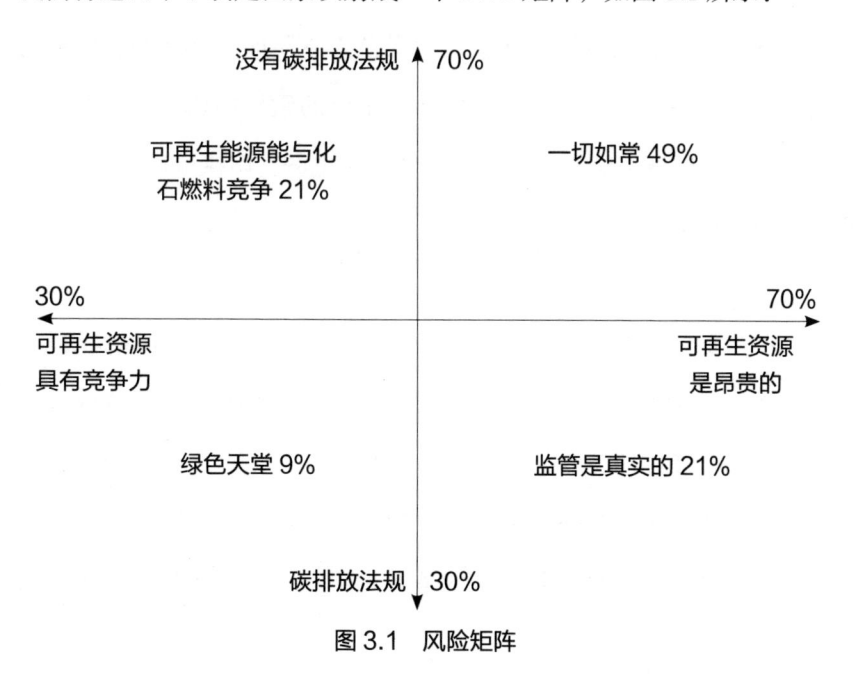

```
                没有碳排放法规 ↑ 70%

    可再生能源能与化              一切如常 49%
    石燃料竞争 21%

30%                                            70%
←─────────────────────────────────────────────→
可再生资源                                     可再生资源
具有竞争力                                     是昂贵的

    绿色天堂 9%                   监管是真实的 21%

                碳排放法规 ↓ 30%
```

图 3.1　风险矩阵

这幅图的右上角写的是"一切如常"。在这个世界里，没有碳排放法规，可再生能源相对于化石燃料来说仍然很昂贵。有时我把这称为"福星高照"的未来，因为很多公司花了很多时间希望这真的是未来的方向。根据这些能源高管的说法，在2030年，世界看起来和今天相似的概率大约有49%（70%×70%）。左下角则是"绿色天堂"——在这个世界里，碳是有价的，可再生能源比煤炭更便宜。在2008年，许多公用事业高管认为这是一个非常不可能的未来，只给出了9%的概率。但另外两种未来——"可再生能源能与化石燃料竞争"和"监管是真实的"的概率各为21%左右。

这幅图有两处有趣的地方。第一，它表明未来与现在相似的概率不到50%。第二，这对房间里的每个人来说几乎都是新闻。通常情况下，大家会从嘲笑那些坚信"绿色天堂"即将到来的有远见的人，转而思考如何对冲他们的赌注。中电的领导层认为，一切如常的未来出现的概率确实很低。2013年，中电的首席执行官安德鲁·布兰德勒这样说：

我们认为碳排放对任何企业来说都是一个长期威胁。到了2050年，如果你是个碳密集型企业，那你就有大麻烦了；很可能那时你早就关门了。我们已经经营了100多年，我们希望到2050年还在运营，但这并不意味着你在2049年才采取行动。你必须沿着这条路走下去，随着世界的变化走在前面。

这就是理解中电战略的关键。风险的另一面是机会。如果亚洲电力行业要实现低碳化，而中电也相信这一点，那么，在竞争中率先转向无碳能源就是一个极具吸引力的商业机会。15年后，他们早期的承诺看起来很有先见之明。比如，从2010年到2018年，全球太阳能和风能发电的加权平均成本分别下降了35%和77%，安装成本分别下降了22%和90%。

在一些地方，太阳能和风能已经比煤炭便宜了。它们是"间歇性"能源——只有在阳光明媚和有风的时候才能发电，因此要想大规模替代化石燃料，就必须进一步降低储存成本。但其成本下降的速度是相当惊人的，我那些从事可再生能源工作的同事告诉我，到2030年，可再生能源在成本上能与煤炭竞争的可能性确实非常大。

截至2018年年底，印度的可再生能源则在2050年达到67%。未来20年，将有6万亿美元的新能源投资进入亚太地区——中国的新增产能将超过美国和欧洲的总和，印度的新增产能将超过美国或欧洲。无碳电力是一个巨大的市场机会，由于中电在该领域的提前投资，尤其有望取得成功。对中电来说，应对风险带来了巨大的机遇。

如果它这么好，为什么不是每个人都这么做呢？

立顿、沃尔玛和中电将创造共享价值的经济理由清楚地摆在了桌面上。减少对环境的破坏并善待员工可以降低声誉风险。它确保了供应链的长期生存能力，它可以说服消费者更加青睐你的产品和服务，它可以降低成本，它可以创造全新的业务——特别是如果你像中电一样足够成熟，能够比别人先看到世界的变化。

罗宾·蔡斯于2000年创立了吉普卡（Zipcar）汽车共享服务公司，距今已20多年，比我们其他人发现共享经济早得多。她认为Zipcar是更为宏大的经济转型设想的一部分。在一次采访中，她解释说：

> 协作经济大于共享经济。在我看来，共享经济是关于资产的，而协作经济是一切。它让我们清晰、直观地看到，如果我不仅可以实时获取硬资产，还可以实时获取人脉、网络、经验，那就意味着我个人的生活方式完全改变了。我不需要囤积任何东西。
>
> 我不用惦记着要买下东西并拥有它。我可以开始依赖这样一个

事实，即我可以在合适的时间找到正确的人。这会极大地改变你的生活方式。它不只是按需用车，更是按需生活，这会充实完满得多。

Zipcar发展成为全球最大的汽车共享公司，于2013年被安飞士（Avis）以5亿美元收购。它现在在9个国家的500个城市拥有超过100多万会员。自从离开Zipcar后，罗宾创办或帮助创办了至少3家具有类似目标的企业——点对点汽车共享服务Buzzcar、骑行共享公司GoLoco.org及利用汽车和卡车在城市中覆盖公共Wi-Fi的Veniam。

但每次我讲课的时候，都会有人问我，公司是否真的可以通过做正确的事情来赚钱。"我知道特斯拉，"他们说，"但还有其他例子吗？"我告诉他们有数百个案例，并让他们用正确的关键词去哈佛商学院的案例网站上看。但可以肯定的是，共享价值还没有完全成为主流。为什么会这样？为什么有那么多的商业人士不愿意相信，如何对待员工或周围环境的担忧可能会成为强劲的盈利点？

我认为解决这个难题的关键是要认识到，拥抱共享价值首先是一种创新——更准确地说，是一种架构创新。架构创新改变了系统组件之间的关系——也就是改变系统的架构，而不改变组件本身。由于大多数组织中的大多数人专注的是他们身处的系统中的组件，而不是它们之间的关系，所以架构创新很难被发现，也很难对其做出反应。关于架构，也就是各个组件如何结合在一起的知识，被融入组织的结构、激励机制和信息处理能力中，在那里它实际上是不可见的，因此很难改变。

关于创新的讨论大多集中在炫酷的新技术颠覆现有行业的潜力

上。我们倾向于考虑人工智能可能改变世界的方式，或者考虑在罐子里生长的藻类有可能取代石油。但米歇尔、斯科特、安德鲁和罗宾同时也是架构先驱——发明了新的方式来思考公司结构和使命。"让立顿的茶业务增长的方法是提高茶叶的价格"，这一想法具有深刻的革命性，需要以一种全新的方式思考整个价值链。沃尔玛以善于降低成本著称，而谁又能想到，对拯救环境这样虚无缥缈的事情的思考，会带来前所未有的机会把成本削减数十亿美元呢？中电致力于改造整个业务，当时可用的替代方案的成本要高得多，而且还有很多尚未解决的技术问题。罗宾完全是凭空发明了一个新的业务，因为她以一种完全不同的方式看待经济的使命。创造共享价值是一种有深刻想象力的行为。如果你深陷在旧的做事方式里，就很难理解重塑商业这样大胆的事情会有什么好处。

以耐克的创始人菲尔·奈特为例，他是过去50年来最成功的企业家之一。菲尔彻底改变了鞋类和服装企业。但他坚定地无视了供应链中的童工给耐克业务带来的风险，这样做使耐克品牌最宝贵的资产置于相当大的风险中。他有充分的商业理由拥抱共享价值，但他完全错过了。

他在想什么？

菲尔通过三个核心思维推动了耐克的发展。第一，降低成本的方法是将生产分包给海外更便宜的地方，这在20世纪70年代是一个革命性的想法。第二，持续创新是成功的关键。耐克从一开始就在研究上投入了大量资金。第三，为耐克的成功提供了超级动力：

营销的力量。菲尔比任何人都了解体育的象征力量和吸引力，他将耐克生产战略节省下来的大部分资金用于营销预算。用一位记者的话来说：

> 耐克之所以成为文化偶像，是因为菲尔了解并抓住了美国流行文化的时代潮流，并将其与体育相结合。他找到了一种方法来利用社会对英雄的崇拜、对地位象征的迷恋，以及对特立独行、桀骜不驯的人物的偏爱。耐克诱人的营销完全集中在一个有魅力的运动员或形象上，甚至很少提及或展示鞋子。耐克的标志无处不在，以至于"耐克"这个名字经常被完全省略。

这三个想法结合在一起成就了商业轰动。到1992年，耐克的销售额达到了34亿美元，但菲尔还不完全满意。他的投资者似乎对他的愿景的力量视而不见，无论他多么频繁地试图向他们解释。

例如，在耐克公司当年的年度报告中，他指出耐克公司的销售额为34亿美元，是世界上最大的运动鞋公司。公司"在过去20年里引领了运动鞋领域的每一项重大进展"，并"在一个财政年度内首次突破了国际销售的10亿美元市场"。然而"除了几个非常短暂的时期之外，我们总是以比标准普尔500指数市盈率低很多的价格出售……我们被贴上了'运动鞋公司'的旧标签……并被归入服装类"。

公司的市盈率是指公司的市值与其税后收益之间的比率。一般来说，投资者会给他们认为有可能大幅增长的公司更高的倍数。例如，在20世纪90年代末和21世纪初，医疗保健、IT和电信业的市盈率比其他经济领域高得多。从菲尔的烦恼来看，亚马逊（Amazon）的市盈率从未低于56，现在已经超过100。但耐克的市盈率直到2010年才可靠地突破20。[1] 简而言之，菲尔认为他的投资者根本不知道公司的发展速度有多快，因此低估了他的股价。在接下来的5年里，这个想法一直是他年度信的核心内容。

1993年，他写道："耐克仍然是一个被低估的全球强势品牌……运动鞋和衣服，尤其是鞋子，都不是普通商品。试试看，穿着一双19.95美元的沃尔玛特价鞋跑一场马拉松，哪怕一英里。讨论到此可以结束了。"

1994年："虽然这是我们七年来的第一次下滑，但我们创造了18%的投资回报率。市场平均市盈率是20倍，对于一个取得18%的回报率的公司，却被贴上'不好'的标签，你应该会觉得它的市盈率该不止15倍吧，对不对？"

1995年，在指出这是"行业历史上最好的一年"之后，他写道："即使在这样的好年景，当我坐下来写这封信时，依然感到愤怒和沮丧……我们做了个实验，如果向投资分析员展示这一记录，而不指明是哪家公司，他们会说它的市盈率倍数应该超过标准普尔500指

---

1 市盈率按照年平均计算。

数。只有在披露公司名字后，市场共识才会转向一个估值低于市场水平的倍数……这已经到了可笑的地步。"

1996年，耐克的市盈率上升，但菲尔仍不完全满意。"以我们在这个领域通常使用的衡量标准来看，1996年是梦幻般的一年。我们创造了销售和盈利的历史纪录……值得称道的是，华尔街认为应该提高我们的市盈率……核心问题是，一家时尚公司，无论品牌多么强大，是否值得获得这样的市盈率？辩论的问题在于，答案并不重要，问题本身就是错的。"

简而言之，在整个20世纪90年代初，菲尔一直在努力解决一个困扰着很多有远见的成功企业家的问题。他似乎无法向投资者传达他的愿景的力量。当然，现在回过头去看，阅读他的信就会明白菲尔是多么有先见之明。他广泛地谈论了体育创造世界性品牌的方式。他一次又一次地解释他是如何为全球的未来投资的——耐克在创新、代言和海外基础设施建设方面的投资将产生巨大的红利。但直到1996年，即使是最迟钝的分析师也开始意识到"耐克现象"——他无法将市盈率提高到标准普尔平均水平以上。这也难怪他有点挫败。

然而，就在菲尔怒斥华尔街分析师瞎了眼的同时，他自己也被证明对一些即将动摇企业根基的事情视而不见。

1992年，《哈泼斯》杂志公布了一位年轻的印度尼西亚女子萨蒂撒的工资单，她在Sung Hwa公司工作，为耐克制作鞋子。这篇文章由在印度尼西亚工作了近4年的工人权利支持者杰弗里·巴林杰撰写，文章显示她每天的工资约为1.03美元，不到14美分一小时。巴林杰认为，按照这个工资，一双80美元的鞋所蕴含的劳动力成本大约是12美分，并在文章结尾问道：

  全球经济和"自由市场"的支持者声称，在世界各地创造就业促进了工业化国家和发展中国家之间的自由贸易。但是，当印度尼西亚人连吃饭的钱都挣不够时，他们能买多少西方产品呢？在耐克的电视广告里找不到答案。广告中，迈克尔·乔丹在地球上空航行。据报道，他多年的代言费为2000万美元。顺便说一句，按照这里显示的工资标准，萨蒂撒需要工作44 492年才能赚到这笔钱。

  1993年，哥伦比亚广播公司播出了一篇报道，详细介绍了耐克印度尼西亚供应商的虐待性工作条件。1994年，《滚石》《纽约时报》《外交事务》和《经济学人》发表了一系列严厉的批评文章。1996年，《生活》杂志发表了一篇令人震惊的文章，曝光了巴基斯坦和印度的童工状况。作者描述说，他伪装成一个有意在巴基斯坦开厂生产足球出口的美国人，他发现孩子们像奴隶一样工作，无法脱身，因为他们无力偿还父母从他们身上拿走的卖身钱。一位工头提出"如果你需要的话，可以给你找来100个缝纫工"，并指出"当然，你必须付清卖身钱才能领走他们"。孩子们如果想找父母就会被弄瞎眼、饿肚子或毒打，而且最明显的是，他们基本上得不到报酬。

文章的作者尚伯格称，童工平均每天赚60美分。文章的开头刊登了一张一个12岁的男孩正在缝制耐克的足球的照片，其含义很明显：耐克公司雇用的是被奴役的儿童。

广受欢迎的漫画连载《杜恩斯伯里》用了整整一周的时间讨论耐克的劳工问题。许多校园里的学生组织呼吁抵制耐克的产品。耐克当时正在扩张其大型零售连锁店的规模，发现"每一个新开的耐克城都会立即引发抗议集会，包括大喊大叫的围观群众、挥舞着标语的纠察队和警察设置的路障"。包括迈克尔·乔丹和杰里·莱斯在内的耐克的名人代言人都曾被公开围攻。

但在整个争论中，耐克仍坚持认为供应链中发生的事情与它无关——它有一套禁止虐待行为的行为准则，而其供应商是独立的承包商，它对其没有控制权。耐克公司亚洲区副总裁尼尔·劳里森说："我们对制造一窍不通，我们是营销商和设计师。"耐克在雅加达的总经理约翰·伍德曼解释说："他们是我们的分包商，调查劳工违规指控不是我们的职责范围。"他补充道："我们来到这里，给成千上万的本来没有工作的人提供了工作。"

劳工问题直到1994年才出现在菲尔给股东的信中，当时他对《纽约时报》体育作家乔治·韦克西的一篇文章特别不满，抱怨说这是"两栏报道不停地抨击耐克这个可怕的公司"。1995年没有提到供应链的问题。1996年，他说了如下的话：

> 按照我们在这个领域通常使用的衡量标准，1996财年

是梦幻般的一年……然而，这伟大的一年刚刚结束，我们就遭到了媒体对我们在海外的做法的一系列抨击。所以我陷入了两难的境地：是利用这个空间来回答批评者的误解，还是尝试着给我们的投资者了解公司的大局……我选择了后者。

1997年，他在一部名为《大人物》的纪录片中被拍到与导演迈克尔·穆尔的谈话：

穆尔：12岁的孩子在印度尼西亚工厂工作？你没意见？

菲尔：在工厂工作的不是12岁的孩子……最低年龄是14岁。

穆尔：那14岁怎么样？你会觉得不安吗？

菲尔：不会。

在他的年度信中，并没有提到供应链中的劳工问题。

然后利润就崩盘了，耐克一直发展得非常快。1997年收入增长了42%，净利润增长了44%，但需求在1998年下降了。耐克的批评者认为，公众对其劳动问题的愤怒是部分原因。1997年，有近300篇文章将"耐克"与"血汗工厂""剥削"或"童工"等字眼联系在一起。

1998年5月，在国家新闻俱乐部的一次演讲中，菲尔改变了口径，承认耐克有过劳加班的现象。他宣布在耐克公司成立企业责任职能部门，并承诺公司将采取一系列旨在改善工厂工作条件的新举措，包括提高最低工资；使用独立监督员；加强环境、健康和安全法规；资助对耐克供应链条件的独立研究。耐克现在是推动服装供应链可持续发展的领导者之一，独立排名经常将耐克列为全球最具可持续发展的鞋类和服装公司。

耐克的故事是理解为什么这么多公司难以向共享价值转变的关键。菲尔是一位有远见的企业家，他能看到几乎没有人能够看到的东西，但他花了5年时间才明白供应链问题对他的品牌构成的威胁——哪怕在他责备投资者不了解耐克成功的根源时也是如此。具有讽刺意味的是，菲尔没有理解世界正在发生变化，使得耐克必须关注供应链中的劳动条件。他恰恰陷入了和他的投资者一样的错误——他们没有理解体育正在重塑鞋业和服装业。

当世界以意想不到的方式转变时，即使是最有远见的商业人士也难以理解发生了什么。菲尔的投资人错过了耐克的潜力，而菲尔和他的同事们错过了供应链问题，因为这些都是架构上的创新——改变了拼图的组合方式。

增量创新——改进某一块拼图的创新，往往比听起来更难实现，但通常必须要做到，而且不会威胁到现状。菲尔领导下的耐克是一个增量创新的专家，年复一年地推出有显著改进的跑鞋。

"激进"或"颠覆性"的创新往往能得到最多的关注。这些创新使旧的做事方式完全过时。想想数码摄影，或是刺激患者自身免疫系统来抗癌的新药。但是，虽然激进的创新给成功的组织带来了深刻的挑战，但这种挑战的范围是一目了然的。数码摄影迫使柯达破产，但并不是因为柯达没有看到它所代表的威胁。事实上，柯达从一开始就对数码摄影进行了深度投资，并在该领域取得了许多突破性的发现。

制造麻烦的是架构创新，让柯达倒下的也是架构创新。数码摄影的转变改变了产品的架构，相机变成了电话的一个组成部分，而不是必须随身携带的独立机器，同时也改变了分享、打印和使用照片的方式。柯达发现这一切都无法适应。激进的创新虽然很难，却显而易见。所有的大型制药公司都明白，了解遗传学将是寻找新药的核心，它们在将遗传学引入研究业务上都投入了大量资金。但架构创新却躲开了雷达，它往往看起来好像是对拼图中的某一小块进行的些许改变，但实际上是对拼图的组合方式进行了彻底的重新思考。

《金融时报》的"卧底经济学家"蒂姆·哈福德发现了一个精彩的例子，通过英国应对坦克发明的历史，说明成功的组织也可能会错过架构创新的力量。坦克是由澳大利亚人 E. L. 德·摩尔发明的。他在 1912 年，也就是第一次世界大战爆发前两年，向英国陆军部提出了他的设计。

到了 1918 年，也就是战争的最后一年，英国拥有世界上最好的坦克，而德国则一辆也没有。事实上，协约国禁止他们生产坦克。但到了 20 世纪 30 年代，德国已经后来居上；到了 1939 年，即第二次世界大战的第一年，德国生产的坦克数量是英国的两倍，而且使用效果也好得多。

这个问题是个经典的架构问题。英国陆军不知道该把坦克放在哪里，他们被分为骑兵和步兵两大分支。骑兵的任务是要迅速而机动，坦克迅速且机动性强。也许坦克是一种特殊的马，属于骑兵？步兵的工作是担任坚定不移的无敌火力源。坦克很难被驱逐，而且威力特别大。也许坦克只是一个非常强壮的步兵，拥有特别强大的炮？当然，还可以为坦克组建一支全新的部队。但谁会为这样一支部队而战？谁来为它提供资金呢？

当然，坦克既不是一种更快的马，也不是更强大的步兵。它是两者之间的某种交叉，甚至更为强大，有可能引发一场完全不同的战争。当第一次世界大战还在进行时，一位名叫 J. F. C. 富勒的英国军官就意识到了这种潜力。1917 年，他向上级提交了一份详细的计划，建议坦克加上空中支援可以绕过德军的战壕，攻击战线后方的德军总部，从而几乎立刻结束战争。富勒的传记作者称他的想法是"军事史上最著名的未被使用的计划"，当然，它在 1940 年被德国人使用，他们称之为"闪电战"。

英国人把坦克的控制权交给了骑兵，骑兵是以马而不是这种新武器为中心的。马是骑兵生活的核心要素——他的骄傲，他的快乐，他存在的理由。英国陆军最高将领、陆军元帅阿奇博尔德·蒙哥马利－马辛贝德爵士为应对纳粹军事化的威胁，为每位骑兵军官提供了第二匹马，并将马饲料的支出增加了 10 倍。英国在加入第二次世界大战时，面对围绕坦克重新设计了军队的对手，严重缺乏准备。

架构创新很难看到，而且往往很难做出回应。因为在几乎所有的组织中，大多数人都把绝大部分时间花在他们被分配的那块拼图上。如果你是一家大型汽车公司的门把手工程师，你每天都在设计门把手。你去参加门把手会议，关注门把手的发展趋势。你不会花很多时间去思考整个汽车行业可能发生的变化。为了生存，每个人都会发展出关于世界如何运作的心智模型，告诉我们需要注意什么，以及可以安全地忽略什么。

你可能会认为，那些着眼大局的首席执行官不会掉进这个陷阱。但正如耐克的案例所表明的那样，他们也会掉进去。事实上，在菲尔·奈特的案例中，有一种思考方式是，正是因为他把大量的时间和精力放在了传达他的未来愿景上（当然，也包括建立一家价值数十亿美元的全球公司），所以他没有思维空间去理解供应链中正在发生的事情的重要性。菲尔和他的同事们完全相信，他们对发生在公司边界以外的事情没有任何责任，这种信念是如此根深蒂固，以至于他们觉得最初面对的那些批评几乎无法理解。他们"知道"他们对员工的责任止于公司的边界。这是世界运行的一种既定方式，一种几乎所有他们认识的商人都认同的假设。现在看来非常讽刺的是，就在菲尔责备他的投资人未能理解体育行业最深层的假设正在发生极为重要变化时，他自己却看不到品牌与供应链之间的关系也在发生变化，而供应链中的童工对他的品牌构成了巨大的威胁。一旦世界向他发出了一个足够强烈的信号，表明这个问题不能再被忽视，他就会像我们所期望的那样，做出充满干劲儿和技巧的回应。

在创造共同价值方面存在着巨大的机会。每个企业都可以通过降低成本、保护品牌、确保供应链的长期生存能力、增加对产品的需求和创造全新的业务来解决环境和社会问题，同时建立繁荣的企业。

但这些机会可能很难被看到。建立一个公正、可持续发展的社会，就像从蒸汽转向电力、学习使用互联网或利用人工智能一样，都是颠覆性的。在现有体制下表现良好的企业会声称没有必要改变——如果需要改变，也没有商业理由，而即使有商业理由，它们现在也顾不上。这就是变革。

当我在麻省理工学院时，我担任伊士曼柯达公司的讲席教授，花了一些时间与柯达合作，以试图应对数码摄影的威胁，它在进行技术转型方面没有遇到任何困难。柯达的一位工程师是第一台数码相机的发明者，公司拥有许多数码摄影的早期专利，并建立了庞大的数码相机业务。但柯达无法开发出一个能让它赚钱的商业模式：消费者冲印数码照片的频率远不如从前，公司也没有预料到相机会以何种方式成为手机不可或缺的一部分。柯达在2012年破产，成为深刻的架构创新的受害者。

我花了20多年的时间来研究这种变化。我至少学到了三件事。第一，认识和应对架构创新是困难的，但并非不可能。菲尔·奈特遇到了麻烦，也许正是因为他太成功了，但立顿、沃尔玛和中电都能把创造共享价值变成获得显著竞争优势的途径。第二，那些设法利用此类转型的企业，它们有勇气在竞争之前进行投资，并投资于建立完全不同的市场进入方式所需的技能和人员，就有可能获得巨大的回报。第三，组织使命是变革的关键。那些在利润最大化之外有明确目标的公司，清楚地认识到公司的使命不是使股东致富，而是为社会公益服务创造伟大的产品。这才是有勇气和技能来引导变革的公司。

04

根深蒂固的共同价值

革新公司的使命

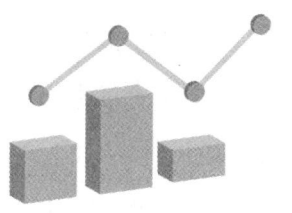

> 有些人认为贪婪是好的。但事实反复证明,最终还是慷慨好。
>
> ——保罗·波尔曼,联合利华前首席执行官

2015年1月12日，在佛罗里达州杰克逊维尔市一间座无虚席的酒店宴会厅里，安泰（Aetna）的首席执行官马克·贝托里尼宣布，从4月开始，公司将支付每小时16美元的最低工资。安泰是世界上规模较大的健康保险公司之一，他的这一举措成为头条新闻。近6000名员工——约占安泰美国国内员工总数的12%，他们的薪酬将平均增加11%。有些人将获得33%的加薪。马克还宣布，其中许多员工将能够以最便宜的价格注册安泰最丰富的健康福利计划。因此，一些员工的可支配收入将增加45%以上。宴会厅里顿时炸开了锅。马克后来说："我知道大家会很高兴，但对这种真情实感毫无准备。有人哭了，他们说：'感谢主，我的祈祷得到了回应。'一线经理们也都很激动。"

这是一项代价昂贵的举措，使安泰的劳动力成本每年增加约2000万美元，而且他的一些高级管理层同事对此并不看好。在安泰拿最低工资的员工中，80%是女性。她们中的大多数是单身母亲，有些人还在领取食品券或医疗补助。但当马克提出向她们支付每小时16美元的工资时,他遇到了激烈的抵制,其中大部分抵制都是从典型的股东价值最大化角度出发的。用他的话说:"他们告诉我,如果我们支付高于市场水平的工资,特别是在工资低于平均水平的州,这会损害我们的底线。我们要为股东服务,我们要满足华尔街的需求。"

马克在想什么呢?

一种解释是,他只是在牺牲安泰的利益来满足自己的道德感。当被问及此事时,马克确实将提高工资作为一个个人的、深层次的道德决定。他谈到了自己在社交媒体上活跃的决定,让他意识到许多员工面临的困境。"我越来越多地在网上看到人们说,'我负担不起福利,我的医保太贵了'。"他告诉《纽约客》,让一家财富50强公司的员工为生计苦苦挣扎是不公平的,并明确地将这一决定与关于不平等的更广泛的争论联系起来,并提到他给每一位高管都送了一本托马斯·皮凯蒂的《21世纪资本论》。"公司不仅仅是赚钱的机器,"他对《纽约客》说,"为了社会秩序的良好发展,这些都是我们应该进行的投资。其中肯定是有道德成分的,你看,我有很多论点是不会写在电子表格里的。我的观点是,说到底,这是不公平的。"

但这只是故事的一部分。在幕后,出于我在下文中探讨的个人和职业原因,马克正在实施一项大胆的战略,通过从根本上改变安泰的商业模式来创造共同价值。向每位员工支付生活工资是这一战略的关键要素,这一举措旨在创造共同使命,并以此打造责任心、创造力和信任,从而使他能够实现自己的愿景。

广泛采用"真诚使命"——一种对公司目标的明确、集体的意识，它不仅仅是为了赚钱，还植根于深刻的共同价值观，并融入公司的战略和组织，是重塑商业的一个重要步骤。它有三个至关重要的影响：首先，深层的真诚使命使我们更容易识别能够创造共享价值的各种架构创新；其次，它使人们更乐于承担风险，并找到勇气去真正实施这些创新；最后，建立一个真正以使命为导向的组织本身就是一种创造共享价值的行为，因为它需要创造各种就业机会，用于解决不平等问题和建设一个公正的社会。

马克的商业理由始于美国的医疗体系陷入困境这一事实。美国的医疗费用几乎是其他发达国家医疗费用的两倍（以占GDP的百分比来衡量），但医疗效果却没有显著改善。例如，在一项研究中，世界卫生组织将美国的"整体卫生系统表现"在191个国家中排在第37位。另一项对11个国家（澳大利亚、加拿大、法国、德国、荷兰、新西兰、挪威、瑞典、瑞士、英国和美国）的医疗保健系统的评估表明，美国在这一组国家中表现最差。

与此同时，安泰现有的业务也面临着越来越大的压力。医疗保险是美国风评最差的行业之一，其净推荐值低于航空公司和有线电视公司。此外，面对日益增长的规模经济，安泰正在稳步整合，它作为行业第三，远远落后于联合健康（United Health）和安森保险（Anthem）这两个行业领导者。马克需要一个新的战略，而他自己深刻的使命感指引着他的选择。

马克的使命感是由他40多岁时发生的两件人生大事引发的。

2001年，他16岁的儿子埃里克被诊断为癌症末期。他后来说："医生告诉我埃里克只有6个月的时间，从来没有人从他所患的癌症中存活下来。"马克辞去了工作。一位知情者说："他几乎是搬进了他儿子的病房，不断追问医疗团队以获取信息，并帮助他儿子获得一种未经批准的药物。"另一位说："马克下载了《哈里森内科学》，这是一本初级医生的'圣经'，并开始与医护人员进行激烈的争论。这些医生觉得他是在拒绝接受儿子的生存机会。"有一次，埃里克差点儿饿死，因为他对美国唯一批准使用的脂肪补充剂过敏，但马克说服医生在奥地利找到了一种以鱼为原料的补充剂，申请了监管豁免，并说服制造商的董事长在下一次飞往美国的航班上将其带到美国。他的儿子是唯一一个在他所患的癌症类型——γ-δ T 细胞淋巴瘤中幸存下来的人。

这段经历塑造了他对美国医疗系统的看法，以及如何修正它。"第一个教训是，他们总是把他看成四号病房里的淋巴瘤患者，而我是从他出生的产房里就认识他了……他们把他当作一种疾病，而不是一个人……通过这段经历，我学到的是，医疗系统中的联系并不紧密。"马克说，"我们就是连接者，我们是倡导者。"

这种认为医疗系统只关心单个治疗过程和利润，而不是将病人作为一个整体的观念，在2004年得到了强化。这时马克加入安泰不到一年，遭遇了一场危及生命的滑雪事故，颈部5处骨折，手臂永久受损。医疗机构给他开了止痛药，但用他的话说：

在康复期间，我同时服用了七种不同的麻醉品。芬太尼贴剂、维柯丁、奥施康定、加巴喷丁、开普兰……当我不需要去任何地方的时候还大量饮酒，真的是一团糟。有人建议做颅骶治疗。我说："那是什么鬼东西？"但在第四次治疗时，我感觉好多了。在之后的五六个月时间里，我戒掉了所有的药物。我迷上了颅骶疗法。后来，颅骶治疗师对我说："你应该试试瑜伽。"我说："啊，那是女孩子才做的。"但是我试过之后，第二天就动弹不得。我说："哦，我的上帝，这太棒了，这锻炼得够狠的。"我开始每天练习，因为它让我感觉更好。大约两个月后，我说，还有更多需要尝试的东西。于是我开始读《奥义书》《薄伽梵歌》，参加静修，学习诵经，学习梵文，我觉得"这真是太神奇了"。

为此，他开始对安泰的战略进行大幅调整。他希望利用安泰来改善其成员的医疗保健，使其更加个性化且联系更加紧密。他制订了两个不同的计划。第一个是创建一个基于大数据和世界级行为经济学的前沿数字平台。该平台不仅可以简化安泰会员与安泰的互动方式（当前业务中的一大痛点），还可以提供一系列应用程序，支持安泰会员实时照顾自己的健康。以美国为例，20%～30%的药物处方从未被开出过，约一半的慢性病处方药未被服用。这导致每年约12.5万人死亡，每年增加1000亿～2890亿美元的医疗成本。马克团队的一位资深成员描述了该平台可能有助于解决这一问题的方式：

> 我们可以做的一件简单的事情是建立一个提醒计划，特别针对前6次领用处方的会员。我们希望激励他们坚持用药。我们可以进行大量的实验，快速测试各种想法，了解什么东西能触动他们。在这个提醒计划中，我们是预先给会员奖励，还是等到他们领完第6张处方后再给？说到底，我们希望能够在正确的时间，以他们想要的方式，向正确的人提供适当的激励措施。比如，这取决于会员给我们的许可程度及我们的合作对象。如果一个会员经过西维斯（以下简称"CVS"）药店或其他零售合作伙伴，我们就可以给他们的苹果手表上发送一条信息，让他们去打流感疫苗。如果他们打了，就会得到某种形式的奖励。

第二项举措是在当地派人面对面去见安泰病情严重的会员。例如，在第一组试点中，该公司向佛罗里达州的8个地区各派了一个多学科团队。每个团队包括护士、药剂师、行为健康专家、社会工作者、营养师和社区健康教育者。所有安泰成员都被分配到一名现场护理经理，其工作是与他们接触，了解他们的健康目标，并根据需要引入团队的其他人员来达成这些目标。安泰佛罗里达州业务总裁克里斯托弗·查诺解释道：

安泰社区护理计划采用整体化方法，真正了解每个会员的需求和目标，然后设计一个全面的个性化计划来满足这些需求。从历史上看，我们的许多计划都是围绕疾病的状态设计的，而不是针对会员具体的个性化目标。以充血性心力衰竭为例，我们以前并没有根据会员的个人愿望来设定结果，也许我们的会员只是希望能够出去和他们的孙辈玩耍，而不是实现一些常见的疾病状态指标。我们的新方法关注的是每个会员在具体的健康愿望方面的需求，我们通过在社区中，在他们生活、工作和娱乐的地方与他们互动，以此帮助会员实现这些目标，而不是简单地通过电话或邮件与他们接触。

马克将新战略描述为"医疗保健革命的消费者部分"。其核心是一个经典的共享价值论：如果安泰能够与其会员合作，改善他们的健康状况，不仅可以让会员更加健康，而且会降低安泰的成本，并将建立一个蓬勃发展、利润丰厚并且高度差异化的业务。马克聘请来执行这一战略的加里·洛夫曼说：

大家对医保的普遍认识是，它极其复杂，几乎无法解决，这往往让很多人止步不前。我有一个更简单的想法，就是很多美国人在"不必要"地生病，他们的花费也"不必要"的高，生活也因此面临"不必要"的困难。例如，以两个60岁的男性为例,他们患有糖尿病和早期肾衰竭。其中一个严格遵循医嘱,过着幸福生活,医疗费用仅略高于平均水平;另一个不遵循医嘱,身体状况差,支付高昂的医药费用,生活非常不稳定,经常去医院和急诊室。我的目标是让第二个人看起来像第一个人。如果我能做到这一点,我就能让很多人更健康,还能省下一大笔钱。

当然,从这个角度看,马克的战略看起来只是一个好的商业策略。但这就是共享价值的本质——它要解决大问题,同时打造一个商业理由。这不是一个使命或利润的问题,而是关于利用更大的使命提供的更广阔的视野来寻找这些机会,然后将使命融入组织中,使公司能够执行这些目标。

马克的战略是有风险的,它需要大胆的架构创新——对安泰如何与客户合作及如何创造价值进行彻底的重新思考。你应该还记得英国军队和坦克的故事,架构创新是多么难以执行,特别是在一个大型的、完善的、相当成功的组织里。100多年来,安泰的业务一直是销售和管理保险。该公司通过控制成本而不是为支持患者来赚钱。马克的战略要求从高级领导团队到接听电话的人,每个人都发展出一套明显不同的技能,并以非常不同的方式行事。

我的经验是,这种变革最可靠的推动力是坚定的共同目标。它使组织中的每个人都围绕同一个使命,并让每个人都有理由为整个组织的目标而努力,而不是为自己的个人目标而努力。最重要的是,它释放了创造力、信任和纯粹的激情，使老公司能够做新事情。

人们会为了金钱、地位和权力而努力工作，也就是所谓的外在动机。但对许多人来说，一旦他们的核心需求得到满足，工作本身的兴趣和快乐，即内在动机，就会更加强大。共同的目标让人觉得自己的工作是有意义的，这是内在动机的核心驱动力，也是推动更高质量、更有创造力工作的驱动力。同时，它还建立了一种强烈的认同感，这是内在动机的另一个来源，也是公司内部信任的强大来源。只要使命能够推动内在动机——按照自己最深层的价值观生活，它就能提升积极的情绪，而这种情绪又与发现新的联系、建立新的技能、在困难过后恢复过来的能力，以及面对挑战和威胁的抵抗力密切相关。因此，使命导向型企业的员工很可能比传统企业的员工更有效率、更快乐、更有创造力。

一个真诚的使命也会激发团队的工作能力。深深认同公司使命的员工会有一套共同的目标体系，他们也可能更加"亲社会"——更倾向于信任他人，并喜欢与他人合作。那些拥有共同目标，由真诚的、亲社会的、内在动机的个人组成的团队，会更容易沟通和协调自己的活动，相互信任，并建立一种"心理安全感"——所有这些属性都会推动高绩效，以及承担风险和相互学习的能力。因此，使命导向型公司可能更愿意接纳新的可能性，也更有能力处理架构变化，而这些往往是抓住机会所需要的。

马克自身拥有强烈的使命感，这为他提供了设计安泰新战略所需的视角和激情。但是，要释放安泰执行新战略所需的创造力和信任感并全心投入，就要建立一个以使命为导向的组织。在这个组织中，安泰的绝大多数员工都高度认同新的使命，并坚信安泰的高级管理团队本身就是由这个使命所驱动的。

马克全身心地投入这项任务中。首先，他尽可能多地、真诚地讲述他个人的故事。他在安泰总部的墙上贴满了欢欣鼓舞的海报来阐述公司的新价值观，但空谈是廉价的。要想说服成千上万的人相信你是认真的——你的首要目标是改变世界，而不是改变利润。这就需要你清楚地表明，有时你会做正确的事，完全是因为这件事是正确的。至少在某些时候，你会将使命置于利益之上。

我认为这是解读马克提高安泰最低工资决定的正确方式。马克认为，如果安泰员工自身的健康得到了照顾，他们就更有可能致力于会员的健康。他曾在安泰引入了瑜伽和冥想课程。最终，每一个拥有超过2000名员工的安泰办公点都配备了一个急诊中心、一个健身中心、一个正念中心和一个药房。他也面临过一些阻力。他回忆说：

> 也曾有人反对。我们的首席财务官当时说："我们是一个营利性机构，公司不是在搞同情和合作。"我说："嗯，其实我觉得它是，而且我说了算，所以就这么定了。"

然后他提高了最低工资。他小心翼翼地谈论这样做的经济理由，指出许多受影响的员工都从事客户服务工作，并认为更敬业的员工会与安泰的客户建立更好的联系。正如他所说的那样，"当人们为如何把食物摆上桌子而烦恼时，他们很难全心照顾客户"。但这不是他这样做的唯一原因。他之所以这么做，是因为他坚信这是正确的事情。而这就是悖论所在。他愿意承受这个决定所带来的压力，这是他真诚的信号——反过来，这是在整个组织中释放使命力量的重要一步。请注意这里的悖论。真诚的使命导向可以是一个强大的商业策略，但你不能因为有钱赚而决定要真诚，那就不是真诚了。真诚的使命导向，就是要探索使命与利润之间的边界，就是要选择做正确的事情，然后努力寻找商业理由，使之成为可能。

马克在重塑安泰的过程中取得了重要进展，但它作为一家使命导向型企业的命运现在掌握在 CVS 手中。CVS 在 2018 年收购了该公司，部分原因是希望安泰的新战略能够作为 CVS 愿景的补充——CVS 希望其零售药店成为社区医疗保健中心，部分原因（或许）是 CVS 本身也在做关于使命的试验。[1] 但他的经验一方面展现了使命的力量，它尝试了架构创新，或许会成为美国医疗领域新形式共享价值创造的开始；另一方面也说明了建立一个真正以使命为导向的组织本身如何成为创造共享价值的战略。

高效的使命导向型组织有两个共同要素。第一个要素是对自己在世界上的使命有明确的认识。虽然使命导向型企业的领导人非常清楚自己必须创造利润才能生存，但赚钱并不是他们的首要目标。

---

1 2014 年，CVS 宣布将停止销售烟草产品，每年损失了约 20 亿美元的销售额。

有些使命导向型企业的存在是为了改善客户的生活，有些则专注于创造就业，还有一些希望解决世界的环境和社会问题。但不论是哪一种，它们都将使命置于最大限度地提高短期股东回报的需求之上。

第二个要素是致力于建立一个组织，让其中的每位雇员都拥有尊严，并被视为自主性和价值都得到尊重的完整的人。在这些"先进"或"高度承诺"的组织中，权力被广泛下放，工作旨在让一线人员有能力做出决定和提高绩效。人们经常受到挑战，并获得个人成长的机会。高度承诺的组织薪酬很高，但更多的是依靠内在的激励，而不是使用金钱奖励或解雇的威胁。淡化等级制度有利于发展上下级之间的信任和相互尊重。

正是使命与工作性质的改变的结合，释放了创造力、奉献和原始能量，使以使命为导向的企业能够在竞争激烈的世界中生存下来，并推动重塑商业所需的创新。那些拥抱使命而不改变管理方式的领导者，往往发现自己在实施使命时举步维艰。那些只是简单地提高工资而不改变工作性质和组织使命的人，会发现自己很难负担得起加薪的费用。简而言之，建立真正的使命导向型组织是迈向公正社会的重要一步。

虽然在收入分配的顶端有健康的就业增长，但传统上为中产阶级提供途径的工作——制造业、初级文员和技术工作，正在消失。新的工作要么是临时性的，要么是在医疗保健和老年人护理等领域。一般来说，除非有强大的工会，否则这些工作都很糟糕：薪水低，没有福利，而且工作安排经常不稳定且随意。拥有一份好工作是大多数人幸福感的基础，如果你对食物、住所和安全的基本需求都得不到满足，那你几乎不可能有美好的生活。但好的工作也是社会地位、陪伴关系和意义感的来源，能极大地增加幸福感。

这听起来像是我喝了太多关于使命感的迷魂汤，而这一切仅仅是愉快的谈话？本章的其余部分会试图说服你，恰恰相反，我是非常认真的。有大量的证据表明，使命导向型企业不仅在残酷的竞争条件下照常生存，而且往往在竞争中明显胜过比较传统的对手。我首先介绍一下有效的使命在实践中看起来是什么样的，以说明这为什么及如何成为一种可行的战略。然后我会回答一个重要的问题：如果这种管理方式这么好的话，为什么它还没有风靡全球呢？最后，我将探讨为什么越来越多的公司宣布它们对使命的承诺。

使命实战

在美国历史最悠久的面粉公司——亚瑟王面粉公司（以下简称"KAF"）的例子中，可以特别清晰地看到使命与工作性质如何在实践中结合，既支持架构创新，又产生了出色的工作岗位。KAF最畅销的产品是一袋约2.27千克（5磅）重的未漂白的全能面粉，这并不是一个特别吸引人的东西，而且市场多年来一直在萎缩。做烘焙的人越来越少，在网上购买面粉的人越来越多，而人们在网上对品牌往往并不在意。但KAF却在蓬勃发展，它的客户喜欢这家公司。KAF在脸书（Facebook）[1]上有超过100万个赞，在照片墙（Instagram）上有超过37.5万粉丝。相比之下，目前市场的领导者通用磨坊（General Mills）在"餐点和烘焙"领域的销售额为39亿美元（KAF的销售额大约为1.4亿美元），在脸书上有约8.5万个赞，在Instagram上有3000个关注者。销售额每年实现高个位数增长——对于一个有着200年历史的行业中的同质化商品来说，这是闻所未闻的增长速度。

KAF的使命是"通过烘焙建立社区"，而三位联合首席执行官对家庭烘焙为什么及如何改变世界有着非常清晰的认识。首席品牌官兼联席首席执行官的卡伦·科尔伯格告诉我：

> 烘焙有一种使人们摆脱束缚的独特能力，作为3个十几岁孩子的母亲，我一直希望与家人建立纽带并共度时光。而我们给人们提供的是一种能力，让人们能够聚在一起做一些事情。

首席财务官兼联席首席执行官拉尔夫·卡尔顿这样说：

---

[1] 2021年10月28日，马克·扎克伯格宣布，脸书（Facebook）将更名为"元宇宙"（Meta）。

当你想到的是烘焙而不是食物时,你给别人的就是一份礼物。人们之间的情感联系,新鲜出炉的面包的味道,烘焙有一种把人们聚集在一起的独特能力。这也启发了我们……我们所做的一切都围绕着烘焙体验。

人力资源副总裁兼联席首席执行官苏珊娜·麦克道尔补充道:

每个人都可以烘焙。所以,如果你从这里开始,想想烘焙是如何使竞争变得公平的——不管你有多聪明,也不管你有多富有,或任何使我们分开的东西,我们都可以走到一起,一起烘焙。无论你是年轻还是年老,与人相处、烘焙和学习生活技能都可以成为一种非常有凝聚力的体验。你可以与家人、同事和邻居一起烘焙,烘焙是建立社区的绝佳机会。我们需要社区建设,这在我们的世界里真的很重要,一直以来都是,将来也是。

就像安泰的情况一样,热情拥抱这一使命使 KAF 确定了一个经典的架构战略。KAF 不再认为自己只是在销售面粉,而是在销售一种体验,并支持其客户成为伟大的烘焙师。用拉尔夫的话来说:

烘焙的挑战之一,也是烘焙的优点之一,就是做好烘焙确实需要知识,而且往往需要灵感。很少有人在烘焙的时候不去找食谱或其他一些指导。而且烘焙并不是那么宽容的。它不像烹饪，你只要去做，不管你做什么，结果终归都还过得去。但是在烘焙中，你会失败。所以，我们开始在网络上提供信息。它已经从我们所做的事情中的一小部分成长起来，如今成为全国各地烘焙师首选的知识和灵感来源。

　　这也是我们战略的核心……我们下了一个很大的赌注，未来的面包师们必须要选择产品时，会选择他们最信任的公司的产品。这并不是因为我对你发号施令，让你去买KAF。而是因为我们有出色的食谱，或者我们教给你一个你非常珍视的技术……因为KAF是一家真正关心我、关心烘焙、关心质量的公司。

这一战略的实施得益于员工的深度参与和充分授权，他们将其作为工作的理由，远远超出了薪水的范围，这也使得它极难被模仿。KAF总部设在佛蒙特州，现在是一个热门旅游景点，包括一家零售店。游客可以在那里观看烘焙演示、品尝烘焙食品（当然是用KAF产品制作的），还有一所烘焙学校，数百名充满激情的烘焙师来到这里，向KAF的烘焙大师们学习。此外，公司还提供在线食谱和烘焙课程，以及一条人员充足的烘焙热线，顾客可以从拥有数千小时烘焙经验的员工那里得到烘焙问题的解答。每个人都对烘焙充满热情。每个人都付出额外的努力帮助公司取得成功。最新的财务结果也会与每位员工分享，每个人都会接受如何阅读损益表和资产负债表的培训。公司对聘用的员工非常谨慎，然后对如何对待他们也同样谨慎。卡伦详细解释道：

企业文化是招聘过程中非常重要的一部分。因此，当我们见到候选人，谈论来 KAF 工作时，我们说它是参与性的，并谈论它的合作性。但这是什么意思呢？我希望人们出现在这里，对自己负责，对团队负责，并清楚地了解他们应该做什么。同时，也要让他们能够质疑自己正在做的事情，也可以质疑别人正在做的事情，并向我们提出问题，这样我们就可以围绕问题进行真正有成效的对话。比如，公司的发展方向是什么？你为什么决定这么做？你想过这个问题吗？

拉尔夫补充道：

这是一种文化。在这种文化中，人们会深入自己的内心去做正确的事情。卡伦经常举例说，在假日季简直要忙疯了，我们每天都要从配送中心发出成千上万的包裹。大楼里传出消息说拣货和包装部的工作太多，团队需要帮助。人们就去了，他们下楼来帮忙，并不是因为老板让他们来的。

苏珊娜还评价了积极的工作环境：

大家都很投入。他们以我们的产品为荣。所有人都是一起的。它不是说你是孤立的，我只在我的空间里。我会做我的工作，这对你没有任何影响和作用。事实上，（你的工作）对每个人都有很大的影响和作用。这很有趣。我们喜欢庆祝，喜欢烘焙。我们对每天上班都感到很兴奋。

因此，KAF 在竞争中的成功与其为员工赋能的意愿密切相关。而这种赋能不仅意味着在 KAF 工作很有趣，而且意味着公司可以超额付薪，并为有资格的员工提供建立退休储蓄的机会（KAF 是一家完全由员工所有的公司，这具有潜在的重要意义，我将在下一章中再谈）。

要建立强烈的共同使命感，在像 KAF 这样规模相对较小的公司里是一回事。它可以在更大的组织中实施吗？可以。丰田汽车公司（以下简称"丰田公司"）的例子强调了这样一个事实：在一个拥有数十万员工、价值数十亿美元的组织中，也有可能打造类似的创造力和责任感。

丰田公司是一家高度使命导向型的企业。第二次世界大战摧毁了日本经济、大部分的基础设施和存量房屋。1950 年，日本的 GDP 不到挪威或芬兰的一半，尽管日本的人口大约是这两个国家的 20 倍。在这种情况下，丰田公司的领导者与当时许多成功的日本企业的领导者一样，有两个目标：创造就业机会，以及由于日本几乎没有自然资源，因此要建立能够在国际范围内竞争的强大企业。该公司成立于1937年，但在1950年，一场严重的劳资纠纷几乎让它破产。在急需资金、濒临倒闭的情况下，丰田公司利用对社区的深刻承诺，将破产的威胁转化为一种新的工作方式，这种工作方式比起美国竞争对手的管理方式更具生产力，同时也为公司提供了大量的就业机会。

1957年，当丰田公司首次在美国开设办事处时，在美国销售的汽车中，每两辆就有一辆是通用汽车公司（以下简称"通用汽车"）生产的。通用汽车的高管们对日本进口车嗤之以鼻，自信地表示他们已经锁定了美国消费者。但到了20世纪80年代，美国消费者已经爱上了日本汽车。他们抱怨美国汽车存在噪声和振动问题，而且可靠性明显比日本车要差。丰田公司对汽车设计和生产体系有着相当不同的思考，并彻底改变了体系中关键元素之间的关系。简而言之，通过彻底"重新架构"汽车的设计和制造方式，丰田公司能够以同样的价格制造出好得多的汽车。

与当时美国几乎所有的其他公司一样，通用汽车的工作历来是严格按照职能和等级制度来划分的。装配系统的设计和改进责任牢牢掌握在主管和制造工程师手中，而车辆质量则由质量部门负责，在车辆下线时进行检查。通用汽车的经理们因为认为工人对生产过程的改进几乎没有贡献而臭名昭著。工人们执行同样的任务，比如每隔60秒拧上几个螺栓，每天工作8到10个小时。他们不被期望或鼓励做这个单一任务之外的任何事情。在工厂车间工作的人与当地管理层之间的关系极为敌对。一位在20世纪90年代初接受采访的工人这样描述当时的生活：

> 过去，我们通过各种方式来争取工作保障。"慢点儿，别干得那么快。""不要教隔壁那个人如何做你的工作，管理层会让你们中的一个人做两份工作。""时不时地来点儿小插曲，扔把活动扳手进去，这样设备就会出故障，维修人员就得过来，我们就可以坐下喝杯咖啡了。他们甚至可能要再雇一个人，这样我的资历就更老了。"

管理层也会以牙还牙："踢屁股，炒鱿鱼。这些人不知道自己在做什么。"……管理层寻找那些可以胁迫的员工，让他们按照自己的意愿做事。他们的意思很简单："如果你不按我的方式做，我就解雇你，然后让愿意做的人来。门口还有10个人等着抢你的工作。"

通用汽车与供应商之间的关系也是如此，将他们视为可以随时撤换的，通过让他们相互竞争来降低成本。但丰田公司表明，以完全不同的方式组织工作是可行的。丰田公司生产线上的工作甚至比通用汽车还要精确。例如，每个工位的详细说明都规定了应该用哪只手去拿起每个螺栓。但丰田公司的员工承担的责任范围更广。[1] 每

---

[1] 劳工经济学家和劳资关系专家对丰田公司采用的劳动力管理技术进行了广泛的研究。它们在一起通常被称为"高绩效工作体系"。"高绩效工作体系"没有一个统一的定义，但文献中已经确定了三个总体要素。通常，具有高绩效工作体系的公司：实施有效的激励体系；高度重视技能发展；使用团队并为分布式交流和解决问题创造广泛的机会。

个工人都经过了广泛的交叉培训，并被期望能够处理生产线上6到8个不同的工作。他们还负责车辆的质量和生产过程本身的持续改进。生产线上的每个人都要及时发现质量问题，并拉动每个装配工位上都有的"安灯拉绳"，以寻求帮助实时解决问题，必要时还可以再次拉动"安灯拉绳"以停止整条生产线。工人们在团队中发挥着积极的作用，负责确定可能提高生产线速度或效率的流程改进。在这一过程中，工人们还接受了统计过程控制和实验设计方面的培训。

在丰田公司，主管和工业工程师仍然存在，但他们明确的职责是为车间工人服务。一切都在为持续改进流程服务，而负责改进的是车间工人。丰田公司有着强烈的平等主义文化，对人的尊重是其核心价值观之一。

丰田公司同样将融合了尊重和广泛赋能结合到与供应商的关系中。供应商被视为"供应商伙伴"，并被信任拥有专有信息，使他们能够与丰田紧密合作，制造更好的汽车。丰田甚至改变了行业内白领工作的性质。在公司内部，会鼓励营销和工程部门的人员把彼此视为盟友而不是对手。公司会鼓励财务部门支持流程的持续改进，而不是充当只看利润的冷面警察。鼓励员工认为自己是在为公司的使命服务，而不是为自己的利益服务。

这一战略取得了惊人的成功。在20世纪80年代末，日本人开发一辆价值1.4万美元的汽车需要170万个工程小时，而他们的美国竞争对手几乎要用双倍的时间。在生产线上，通用汽车组装一辆汽车所花的时间几乎是丰田公司的两倍。到了1990年，丰田公司的市值是通用汽车的两倍。2008年，丰田公司成为世界上最大的汽车生产商。

换一种说法：丰田公司开发新车的时间和成本是其美国竞争对手的一半，并只以一半的人力来制造它们。尽管丰田公司的成功已经有大量的记载，但美国企业花了近20年的时间才接受这些结果。关于丰田公司，至少有300本书和3000多篇学术文章。

此外，丰田公司并不是独一无二的。在每个行业中，平均而言，生产率最高的企业的生产率是最低的企业的两倍以上。最近一项研究收集了来自全球数千家公司的数据，证实这些差异几乎是由公司的管理方式造成的。"高度承诺"的工作实践推动了各行各业生产率的提高。

如果以使命来管理不仅是可能的，甚至还可能带来强大的竞争优势，那为什么不是每个人都这样管理呢？为什么这么多公司迟迟没有将这些想法付诸行动？盖洛普咨询公司的报告显示，现在有34%的美国工人"积极参与"，这是盖洛普历史上的最高数字，而"积极逃避"的比例已经下降到13%，创下新低。但超过半数的员工仍处于"不参与"状态，一般来说，他们对自己的工作或工作场所总体上感到满意，但在认知上或情感上并没有联系。他们来上班，做着最低限度的工作，但如果得到报酬稍微好一点儿的工作邀请，他们很可能会离开。

使命导向型管理之所以没有得到广泛普及，或者至少没有变得更为常见,是因为它本身就是一种架构创新。它要求管理者以全新的方式来思考自己、员工和公司的结构。不幸的是,许多管理者都被一种世界观所束缚,这种世界观包括对员工的看法和已有百年历史的管理方法。所以,我们必须了解这种世界观从何而来,以及如何改变它。

塑造世界观的 100 年

维多利亚时代的大资本家认为,他们的员工从根本上是自私且懒惰的,主要受金钱驱使,需要小心控制。企业按照严格的等级制度运行,管理层和员工之间有严格的划分,并且几乎所有人都认为劳工和资本注定会发生冲突。当时的商人普遍认为,建立一个成功的企业需要对劳工进行严格监督,并尽可能地降低工资。在美国,他们尽其所能破坏工会,雇用私人军队打击乃至杀死罢工的员工,并说服美国最高法院根据反托拉斯法起诉工会。

这种观点认为,绝大多数员工本质上是愚蠢的机器,最好由管理者的技能和专业知识来驾驭。"科学管理"概念的发明给这种观点打上"科学"的印记从而使其大为强化,使其不仅在通用汽车,而且在 20 世纪的大部分时间里成为大多数大公司的传统认知。

科学管理是一个叫弗雷德里克·泰勒的人发明的（事实上，这种技巧也常被称为"泰勒主义"）。泰勒是美国贵族出身。他是"五月花号"上一位最早移民者的后裔，曾就读于菲利普斯·埃克塞特学院，并被哈佛大学录取。但也许是由于视力迅速恶化，他决定当4年的车间机械师学徒，最终在1878年加入米德维尔钢铁厂，成为一名机械车间工人。但他很快被提升，并最终成为该厂的总工程师。

泰勒在这些岗位上的经验使他确信，工厂的绝大多数员工都是在"磨洋工"，或者说是刻意尽可能慢地工作。于是，他开始对我们现在所说的"生产率"进行系统的研究。他发现，在很多情况下，只要把每一个行动分解成各个组成部分，提高每一个部分的生产率，然后强迫员工准确地按照管理者为他们制定的程序去做，可以大大提高产出。实际上，这意味着利用承诺的经济奖励将人变成机器人。他最著名的一个故事是关于一家名为伯利恒钢铁公司的装载生铁问题，实验是从一个叫施密特的人开始的。泰勒是这样讲的：

这样，摆在我们面前的任务缩小到让施密特每天搬运47吨生铁，并使他乐意这样干。具体方法如下：从生铁搬运小组中把施密特叫出来，并对他这样说：

"施密特，你是个有价值的人吗？……我想知道的是，你是个有价值的人，还是这里这些廉价的伙计之一。我想知道的是，你是想一天挣1.85美元呢，还是满足于一天只挣1.15美元，就像所有那些廉价的伙计一样？"

"我想要一天挣1.85美元吗？那就是个有价值的人吗？是的，那我就是个有价值的人。"

"好，如果你是一个有价值的人，你明天从早到晚要完全照这个人说的去做。当他叫你搬起一块生铁走时，你就搬起来走；当他叫你坐下休息时，你就坐下。你一整天就这么干。还有，不能顶嘴。有价值的人就是让他怎么干，他就怎么干，而且不顶嘴。你听明白了吗？这个人让你走路你就走路，让你坐下你就坐下，不要顶嘴。好了，你明天早上就来这里干活，晚上收工前我就会知道，你到底是不是一个有价值的人。"

泰勒接着解释了施密特是如何变成人形机器人的——让他工作时就工作，让他休息时就休息，以及这种纪律如何使他的生产率提高了60%以上。这种说法几乎可以肯定是夸大了。但有很多证据表明，使用泰勒的方法在多种环境下都极大地提高了生产力。泰勒方法的拥护者仍然声称，把所有的专业知识都交给管理层，将人当作机器来管理，可能有其弊端，但它对生产力有如此巨大的影响，这些成本是非常值得付出的。"泰勒主义"成为传统认知，泰勒的《科学管理原理》成为20世纪上半叶最畅销的商业书籍。泰勒的思想被广泛接受，以至于关于以使命为导向可以显著提高绩效的早期证据被广泛否定。哪怕它最终得到了承认，企业也发现实施新的工作方式极为困难。例如，面对丰田的成功，通用汽车难以应对。

寻找新方法的挣扎：通用汽车对丰田公司的回应

到 20 世纪 80 年代初，通用汽车的领导们已经相信，丰田公司确实在工厂里做了"与众不同的事情"。但他们最初拒绝相信丰田公司的优势本质在于其与员工的关系。相反，他们把注意力集中在生产过程的具体变化上，比如设计用于快速更换冲压模具的夹具，或者使用"准时制"库存系统，而不是关注使开发和部署这些技术成为可能的一系列管理实践。例如，在 20 世纪 80 年代，通用汽车的一位顾问在报告中说：

> 通用汽车公司的一位经理接到一个高层领导——副总裁下达的命令，要把通用汽车的一家工厂改造得像 NUMMI（新联合汽车制造公司，丰田公司从通用汽车公司接管并彻底改造的一家工厂）。他说："我要你们带着相机去那里，给每一处拍照。不管你拍了什么，我希望我们的工厂也是那样的。不应该有任何借口来解释为什么我们和 NUMMI 不一样，为什么我们的质量较低，为什么我们的生产率没有那么高，因为你们要把看到的一切都复制过

来……"这个人马上就意识到这简直是疯了。我们无法复制员工的积极性，无法复制工会和管理层之间的良好关系。那不是你能复制的东西，你甚至不能拍下它的照片。

通用汽车的业绩是根据明确的规则或容易观察到的指标来评判的，比如个人是否在规定的期限内完成任务，而丰田公司的业绩则是根据整个团队的业绩来评判的。在丰田公司，目标是通过组织内多个层级间的活跃沟通共同确定的，这与通用汽车公司自上而下的命令和控制方式完全不同。

那些整个职业生涯都集中在当前季度、制定数字和学习微调现有系统的管理者，没有能力重新思考员工管理的基本原理。那些总是以欺凌的方式管理供应商和工人的人，很难将他们视为持续改进的源泉，也很难给予他们信任和尊重。

最关键的是，要想成功采用高绩效的工作方法，就必须有能力建立深层次的信任，而通用汽车的历史表明，它在这方面存在严重的问题。通用汽车更倾向于用数字来管理，并根据量化的结果进行晋升。但是，没有一套数字指标能够明确高绩效企业的各种行为。高级管理层会宣布对长期关系和建立信任的承诺，但除非这些承诺与基层的类似承诺和激励措施相结合，否则很少有人相信与自己打交道的基层经理会实际改变他们的行为。

有一个典型的例子来说明这种信任可以创造价值。多年来，诺德斯特龙（Nordstrom）的员工手册只有一张纸，上面写着：

> **欢迎加入诺德斯特龙**
>
> 很高兴你能加入我们公司。我们的首要目标是提供卓越的客户服务。请把你的个人和职业目标制定得高一些，我们对你实现这些目标的能力充满信心。
>
> **诺德斯特龙规则**
>
> **规则1：在任何情况下都要运用良好的判断力。**
>
> **没有别的规则了。**
>
> 如有任何问题，请随时向你的部门经理、店长或部门总经理咨询。

他们是认真的。诺德斯特龙在零售业中创造了令人印象深刻的辉煌业绩，其基础就是员工"运用良好的判断力"。在一系列的著名案例中，一位销售人员接受了雪地轮胎的退货（诺德斯特龙不卖雪地轮胎）；另一位销售人员驱车数小时为需要参加家庭聚会的顾客送去一套衣服；还有一位销售人员为滞留在公司停车场的顾客换轮胎。诸如此类的故事，让诺德斯特龙以优质的客户服务而闻名，这让其竞争对手羡慕不已，也让顾客产生了深厚的忠诚度。

但是，只有在员工长期以来工作表现良好的情况下，管理者才会信任他们"运用良好的判断力"；而只有公司长期以来奖励这种做法，员工才会冒险主动行动。真正的信任只能通过时间才能建立起来，而且只有那些愿意做出短期牺牲的公司才能做到，而在任何关系中要展示真诚的承诺，这种牺牲都是必需的。

通用汽车对短期回报和数字目标的痴迷，使得建立这种信任非常困难。例如，1984年，公司宣布有意修改工会合同，以鼓励使用团队并共同解决问题，但随后泄露的一份内部备忘录显示，通用汽车计划利用新合同只是为了减少员工人数。在整个20世纪80年代，工会领导层中的许多人仍然相信，通用汽车实施丰田公司的做法只是为了加快生产速度，让员工承受更大的压力。这让通用汽车在建立员工内部的信任方面面临重大问题。人们很难相信一个宣称其目的是在每个可能的时刻以牺牲你的利益来赚钱的实体。

人们可能会想，管理不善的只有通用汽车，但我看到类似的问题出现在一家又一家试图采用高绩效工作做法的公司。许多管理者不愿放弃这样一个给人安慰的假设：员工是愚蠢的，管理者掌握着所有的牌。他们不愿意做艰苦的情感和精神工作，来打造一种人人受尊重、权力得到广泛分配的工作方式。就算他们决定迈出这一步，可能也很难做出对建立信任至关重要的长期投资。

你可以看到这种动态在150多年的历史中不断上演。使命导向型公司的出现展示了使命导向管理的力量，但其他人对它不屑一顾。但正是它们的经验为我们当下的时刻奠定了基础，它们所建立的深厚经验体系至今仍有现实意义。

以使命为导向的公司的崛起

1861年，当乔治和理查德·吉百利接管了他们父亲失败的茶叶和咖啡生意时，他们建立的公司成为第一批明确以使命为导向的公司之一，跻身英国最成功的公司之列。他们对强调所有人平等的信仰传统的坚定承诺，对他们的成功起了至关重要的作用，突出了强烈的精神或政治信念的关键作用——这些信念赋予领导者以使命来管理所必需的勇气和远见。

吉百利兄弟出生于英国伯明翰，往上三代都是贵格会（他们更愿意被称为"公谊会"）成员。该会成员坚信"内在之光"，或相信上帝直接体现在每个人身上，并在反对奴隶制、刑事改革和普及教育的运动中表现突出。作为一个团体，他们对利润持怀疑态度，认为工业的功能应该是服务于整个社会社区，劳资之间的冲突应该通过公开对话和善意来解决。

吉百利兄弟继承的是一家陷入困境的公司，只有11名员工，正在亏损。他们将从母亲那里继承的8000英镑（以今天的货币价值计算约为70万英镑或86.13万美元）投入公司中，开始了扭亏为盈的艰苦工作。到1864年，他们已经出现了小幅盈利。在随后的几十年里，他们建立了英国最成功的公司之一。他们的使命很直白：销售尽可能高质量的可可和巧克力。当他们开始的时候，市场上的其他巧克力产品基本上都是高度稀释的"粥"。用乔治·吉百利的话来说："其中只有五分之一是可可，其余的是土豆淀粉、西米、面粉和糖浆。"1866年，吉百利的可可精华（Cocoa Essence）上市，以"绝对纯正，因此最好"为口号，并在广告中引用医生的话。1905年，公司推出了"吉百利牛奶巧克力"（Cadbury's Dairy Milk），因为它使用的是鲜奶而不是奶粉，再次强调其产品的纯正。在接下来的一个世纪里，承诺使用最佳原料一直是公司的标志。像所有高绩效的使命导向型公司一样，他们把企业强烈的社会使命感，与一种完全不同以往的对待员工的方式融合了起来。

  1878年，兄弟俩在伯明翰城外4英里处建了一家大型工厂。工厂被命名为"伯恩维尔"（Bournville），试图暗示法国巧克力协会蓬勃发展。1895年，吉百利兄弟又买下了约50公顷的土地，并着手在周围建造一个充满树木和鲜花的示范村。乔治是一位活跃在贵格会成人学校的教师，曾在伯明翰最糟糕的贫民窟教书多年。这段经历使他认识到，改变穷人的生活条件与为他们提供教育同样重要。他后来说："如果我没有在伯明翰的成人课堂里接触到这些人，并从走访穷人的过程中发现在贫民区过上好日子是多么困难，我可能永远不会建造伯恩维尔村。"这种强调与比自己处境差的人打交道的个人经验，是使命导向型领导人的叙述中反复出现的另一个主题：亲身经历往往为探索不同的领导方式提供动力。

从一开始，兄弟俩就明确反对泰勒的管理方法。其中一位在1914年发表的一篇题为《反对科学管理的理由》的论文中指出，"就算结果都是科学管理的倡导者所宣称的那样，它产生的经济效益的人员成本依然是个问题"。乔治·吉百利在贵格会雇主会议上说："一个人的地位必须使他的自尊得到充分的维护，他与雇主和同事之间的关系是那种绅士和公民的关系。"

兄弟俩把员工当作家人，并以不拘礼节和事必躬亲而闻名。从一开始，他们就在教育上进行大笔投资。所有员工都被要求参加一个入门的学术课程，然后可以根据自己的意愿选择商业或技术培训。吉百利兄弟提供运动和体育设施，还设立了病假工资和养老基金，此外还有圣诞、新年和夏季派对。他们还尝试让工人参与工厂的运作。公司在形式上由董事会管理（所有董事会成员都是家族成员），但日常工作则由一系列委员会控制，包括一个男性工作委员会。工作委员会包括员工和领班，负责工厂条件、质量控制和福利工作。1902年，吉百利引入了一个建议计划，邀请直接选举出的员工代表对工厂的管理提出改进建议。1919年，公司开始尝试全面的工业民主，建立了一个三级结构，由车间委员会和小组委员会向工委会报告。

到了20世纪30年代，吉百利已经成为英国第24大制造公司，并创造了一系列至今仍闻名全球的品牌（吉百利的水果和坚果棒是我童年的必备食品，即使是现在，我每次去英国都会悄悄吃上一根。这是我的人生乐趣之一）。它一直激励着许多使命导向的领导人，但在当时，吉百利的经验被看成一种反常——这是贵格会信仰的作用，而不是一种新的管理方法。

可能有更好的管理方法的想法不断出现。20世纪40年代，英国学者埃里克·特里斯特应邀参观了英国的海格莫尔煤矿，在剑桥以东约50英里。英国绝大多数煤矿都是按照泰勒主义的传统方式组织，但海格莫尔不同。在海格莫尔，传统的设备无法进入采掘面，而矿工们却开发了一套系统，使用自组织的团队，每位矿工都可以处理多达6种不同的工作。

这个矿井比任何竞争对手的矿井都要安全得多，产量也高得多，但当特里斯特建议海格莫尔的一些技术在其他矿井使用时，当初让特里斯特研究海格莫尔的政府机构拒绝了这个想法。该机构显然担心特里斯特的干预只会破坏稳定，并禁止他在报告中提及"海格莫尔"这个名字。赋予员工权力会导致员工不易控制而让劳资双方发生重大摩擦，这种不断浮现的担心成为拒绝高层次管理的理由，尽管经验表明事实恰恰相反。

接下来，特里斯特开始与一群挪威人合作，他们曾以自我管理的小团队成功地与希特勒作战，并共同在挪威全行业建立了团队。他相信他们的方法有可能推动业绩的大幅提升。然而，虽然他成功地让一些企业对他的想法产生了兴趣，但大多数管理者或早或晚都不安地退缩了，"就好像他们刚刚发现特里斯特要把他们消灭掉似的"。从某种意义上说，他确实是的。他在多年后说："他们的意见有那么一点儿正确的地方。他们已经拥有了所有的权力，做着自己喜欢的事情,并不想分享权力。"正如我们在通用汽车案例中看到的那样,这依然是变革的一个重要障碍。成功的使命导向型领导必须学会放权,并深信为他们工作的人至少和他们一样有创造力和动力。

特里斯特的思想在麻省理工学院斯隆管理学院道格拉斯·麦格雷戈教授的著作中再次出现。在1960年出版的《企业的人性面》(*The Human Side of Enterprise*)一书中,麦格雷戈提出了两种激励理论,为现代激励理论奠定了基础。第一种"X理论"认为,人在根本上自私且懒惰,只愿意为自己及金钱、地位、权力等外在奖励而工作。第二种"Y理论"则假设人们也同样或是更多地被内在奖励所激励,包括掌控和自主的乐趣,与他人建立关系的机会,以及对意义和使命的渴望。Y理论预见了许多现代研究,这些研究假设人既是自私的,也是群体性的,他们本能地乐于成为群体的一部分,在某些情况下还会采取合作甚至是利他的行动。这本书有时被解读为支持Y理论,但麦格雷戈本人坚持认为,他的观点并不是说Y理论是正确的,而是说这两种理论都是有用的模型,仅仅依靠X理论是一种危险的过度简化,会将许多强大的动力来源排除在外。

最早将麦格雷戈的思想付诸行动的群体之一是佐治亚州奥古斯塔市的一些经理,他们正在为宝洁公司(P&G)生产洗衣粉。宝洁公司很早就积极采用科学管理的原则,但到了20世纪60年代初,建设奥古斯塔工厂的经理们对科学管理的局限性越来越失望。一切都经过严格的测量,一切都有规定,一切都被包裹在大量的规则和程序中。他们决定尝试一些不同的东西。

他们首先邀请麦格雷戈来访。他们喜欢他"直言不讳、积极参与的管理风格",也喜欢他对特里斯特技术的描述,并决定将其付诸实践。他们转而采用了一种制度,这种制度让奥古斯塔工厂完全由技术人员组织成的团队来管理,每个人都要发展各种技能,并积极为工厂的持续改进做出贡献。该厂没有工作分类,也没有生产定额。它的员工每周花4个小时进行培训,另外还有2个小时一起开会解决问题。简而言之,早在丰田公司首次在美国掀起波澜的几年前,这家工厂就发明了与丰田公司生产体系极为相似的东西。奥古斯塔是如此成功,以至于到了1967年,宝洁公司的每个新工厂都被要求使用该系统。

第一个从建立之初就准备使用新技术的工厂建在俄亥俄州的利马市。查利·克朗是一位非传统的工厂经理,在他的领导下,不仅研究了特里斯特,还研究了精神导师乔治·葛吉夫的作品。利马工厂的设计是要"体现学习",并将情感和心理因素直接融入工作设计中。员工的人性需求被认为至少与企业的需求一样重要。这里的等级制度极少。如果你想解决一个问题,你要努力说服同事在你周围建立一个团队。团队管理自己的日程,而经理则充当教练和赋能者。这也取得了巨大的成功。据传,生产成本只有传统工厂的一半,甚至可能比这还要低。该厂的管理人员显然认为没有人会相信真实的数字。

但是,来自利马的经理们试图说服其他人使用他们开创的技术,却收效甚微。面对这些尝试过新的做事方式的人的"嬉皮士言论",

高层经理们先是迷惑不解，然后觉得受到了威胁。反过来，新任领导者又对上级深感失望，进一步让高层相信他们并不是真的那么认真，他们不能被信任。克朗成了局外人，作为一位管理大师，与一群学徒一起在《财富》500强以外的小公司里推广新技术。

然而，赋予员工权力，以信任和尊重的态度对待他们，通过共同目标和共同使命来激励组织，这种可以显著提高绩效的想法并未消失。特里斯特成为塔维斯托克研究所的创始人之一，这个研究所强调人际关系对塑造工作的重要性。道格拉斯·麦格雷戈在麻省理工学院的工作影响了他的同事埃德·沙因，后者后来成为世界上首屈一指的组织文化专家。哈佛大学的迈克尔·比尔等学者继续撰写关于高绩效企业的文章，这些企业的成功源于使命导向型领导和对员工的尊重。但几十年来，使命导向型组织一直是例外，而不是规则。

然而，在过去的10年里，世界发生了巨大的变化。使命可以推动业绩几乎成了统一的观点。在一项调查中，五分之四的首席执行官一致认为，"公司未来的发展和成功将取决于兼顾利润和目的的价值观驱动的使命"，以及"增强员工的个人使命感，并给他们更多使命导向的工作机会，这是一种双赢，对企业和员工自身都有好处"。

这种转变的原因有很多。声誉管理和纯粹的权宜之计肯定发挥了作用。越来越多的公司认为有必要表明自己"正在做些什么"，而且许多公司已经认识到，共同的使命是推动转型和增长的重要工具。

但人们对丰田公司成功的根本原因也有了进一步的认识。与通用汽车一样，许多公司最初将丰田公司的卓越业绩解释为公司采用了高业绩的工作做法。例如，依赖团队合作和注重渐进式创新，而不是使这种做法成为可能的组织文化和价值观。随着企业自己采用这些做法，这种观点开始改变。用丰田公司聘请的一位组织顾问的话来说："这是关于文化的问题，一直以来都与文化有关。但企业需要很长时间才能完全接受这一点。"西南航空公司和全食超市等其他以员工为导向的公司也取得了卓越的成功，引起了广泛关注。

最近这种转变背后的另一股力量是大量的新研究，这些研究将采用真实的使命和高绩效的工作体系与财务业绩联系了起来。例如，麻省理工学院研究员泽伊内普·托恩在她的《好工作战略》(The Good Jobs Strategy)一书中表明，像开市客（Costco）和梅尔卡多纳（Mercadona）这样的领先零售商，重新设计了运营模式，以支持持续学习和员工积极性，他们的业绩能够超过竞争对手，并且给员工的薪酬也明显超出一般水平。其他学术研究人员利用多年的数据和对使命的细化衡量表明，高水平的员工满意度及与战略密切相关的使命能够提高股东的总回报。

世界也在发生变化，对使命的需求日益明显。公众的期望正在发生转变，如今，世界上73%的人期望企业能够解决我们这个时代的重大问题。千禧一代和之后的人都正在积极寻找体现意义和使命感的工作。与此同时，企业与大众之间的信任鸿沟也越来越深。三分之一的员工不信任他们的雇主，82%的精英阶层信任企业，而只有72%的普通大众信任企业。

还有一些更深刻的事情正在发生。随着我们面临的问题越来越紧迫，许多企业领导人认识到，采取行动在道义上有明确的必要。我曾与数百位企业领导人讨论过创造共享价值的战略。他们都对商业案例侃侃而谈。但私下里，在走廊上或喝啤酒时，几乎所有的人都告诉我，促使他们采取行动的是一个不可抗拒的使命——气候变化带来的生存风险，重建社区、改革医疗服务、拯救海洋的需求在敦促他们前进。有些人认为这种双重性是虚伪的，但我认为，这是重塑商业的根本。如果我们要解决这个时代的重大问题，企业领导人必须意识到这种既要赚钱又要有意义的要求。如果我们发现能够创造共享价值的新商业模式，要去实施这些模式，要创造对建设强大的社会至关重要的优秀工作岗位和工作场所，使命导向的领导力必不可少。

然而，许多公司难以将使命融入其业务中。在许多公司中，使命尚未被明确规定，没有与战略挂钩，也没有与员工沟通。这种脱节无疑反映了人们在内心深处极不愿意放弃泰勒主义哲学，或是不愿在工作中表现得情绪化或感性。但还有另一个更具结构性的障碍在起作用，那就是世界上投资者的短期主义和无知。当投资者坚持要求稳步提高季度收益，但不理解或无法衡量使命的价值时，就很难进行成为使命导向型组织所需的那种长期投资。

所以，重塑商业的第三步就是重新布局市场。

05

重新定义金融

学会爱上长期主义

> 拿钱当先锋,条条大路通。
>
> ——威廉·莎士比亚,《温莎的风流娘儿们》

如果建立繁荣发展的公司的机会是真实的，这些公司不仅能获得高额利润，而且还能在解决重大问题方面取得显著进展。如果成为一家以价值观为基础、以使命为导向的公司是解锁这些机会的王道，那么为什么没有更多的公司积极拥抱使命和共享价值的结合？即使世界上85%的大公司都宣称自己有使命，并且许多公司也开始探索如何创造社会价值，但离这种做法成为商业惯例还有很远的距离。问题出在哪儿呢？

我认识的企业领导人对这个问题有一个简单的答案。他们说，即使他们的公司想要改善其社会和环境方面的表现，他们也会受到我们对短期业绩的痴迷的限制。他们告诉我，"是投资者，他们痴迷于短期业绩。如果这意味着无法完成季度盈利目标，那么进行长期投资不被抨击是不可能的"。彼得·德鲁克或许是20世纪上半叶最著名的管理大师。他曾指出："每一个与美国管理层合作过的人都可以证明，满足养老基金经理对下一季度更高收益的追求，再加上对入侵者惊慌的恐惧，不断地把高层管理者推向他们明知代价高昂甚至是自杀性的错误决策中。"

我见过的每位首席执行官都同意德鲁克的观点。我们知道，公司经常推迟或取消有利可图的投资机会，以确保达到投资目标。在一项调查中，近80%的首席财务官表示，他们会减少研发支出以达到盈利目标，超过55%的人表示，他们会推迟一个新项目以达到盈利目标，即使这意味着公司价值上的（较小的）牺牲。在另一项调查中，如果高净现值项目导致盈利损失一毛钱，59%的高管表示会选择推迟该项目。

我们也有理由相信，虽然资产所有者可能会着眼于长期发展，但资产管理人可能不会。大多数资产所有者并不管理自己的资产。例如，在2016年，机构投资者持有63%的上市企业股权。大多数养老金领取者的退休资产由养老基金管理，而养老基金则依靠专业的资产管理人代表他们进行投资。大多数个人投资者投资于共同基金或指数基金，他们的资产由专业资产管理人管理，这些资产管理人还会对他们的股票进行投票。这意味着资产所有者的利益不一定反映在实际管理资产人的行为中：虽然许多资产所有者可能希望推动长期业绩，但许多投资经理可能更喜欢短期回报，特别是如果他们的报酬或投资组合的规模是由他们提供即时回报的能力决定的。

2015年10月，当沃尔玛首席执行官董明伦宣布，沃尔玛当年的销售额将持平，每股收益将下降6%～12%时，沃尔玛的股票价值下跌近10%，损失大约200亿美元的市值。他曾试图解释说，收益的下降体现在对电子商务的20亿美元投资，以及在提高时薪方面的近

30亿美元投资。他认为这两项举措对企业的健康发展至关重要，但华尔街对此不以为然。大力支持这一决定的沃尔顿家族仍持有沃尔玛的多数股权，因此董明伦保住了工作，但许多首席执行官担心在类似情况下，他们不会如此幸运。

许多商业领导人告诉我，他们不愿意全心全意地拥抱共享价值，是因为需要满足投资者的需求，并避免行动主义者对股票的兴趣带来威胁，这使得他们不可能投资于真正的使命所需的那种长期项目。他们认为，重塑商业社会的方法是让投资者不再关注他们。他们提出了多种方法，从修改法律、明确公司对多个利益相关方的责任，到只允许持有股份的时间足够长的投资者投票——但他们所有人都很清楚，如果要重塑商业社会，投资者的权力应该更少。

我非常同情这种说法。我也知道有一些伟大的项目会因损害下一年的营业收入而被推迟。但我认为，问题和解决办法都比这种论证所表达的要复杂得多。

简单版本的短期主义论调至少存在两个问题。第一个问题是，虽然投资者确实会惩罚那些未实现盈利的公司，但对该领域绝大多数的研究表明，这是因为投资者认为盈利不达预期是管理不善的表现，而不是因为他们不支持长期投资。事实上，会计文献中最有力的发现之一是，盈利不达预期的公司从长期来看确实比达到目标的公司表现更差。因此，对沃尔玛股价下跌的一种解释是，董明伦宣布他将无法达到目标，导致投资者担心公司或他的领导出现了根本性的问题。

第二个问题是，我们知道在某些情况下，投资者更愿意投资那些多年不盈利的公司。吉利德公司是一家生物技术公司，因推出第一种治愈丙型肝炎的药物而闻名。在上市后的头9年里，它亏损了3.43亿美元。但它上市那年的估值就达到了3.5亿美元，9年后价值接近40亿美元。在亚马逊首次在纳斯达克上市后的5年里，它的累计净亏损几乎达到30亿美元。但当年投资者对该公司的估值超过70亿美元。14年后，当该公司第一次稳健地开始盈利时，亚马逊的市值达到3180亿美元，尽管它当时的利润只有6亿美元。显然，许多投资者愿意等待多年，以看到对亚马逊的投资得到回报，事实上，投资者愿意向包括优步（Uber）、来福车（Lyft）和爱彼迎（Airbnb）在内的一系列平台注入数十亿美元，尽管这些公司中许多还没有赚到钱。

因此，不能说所有或绝大部分投资者都关注短期投资。当投资者了解他们要下的赌注的性质后，他们中的一些人就会下注。投资者花了很多年才学会生物技术的语言。但现在，数百名分析师明白了为什么投资基础研究可能会产生数十亿美元的利润。1994年至2000年的网络泡沫，以及脸书和谷歌的成功，才使主流投资者相信了平台的力量。但现在大多数投资者已经深刻地体会到，投资建立一个庞大、有黏性且致力于平台的客户群可以带来巨大的利润。事实上，WeWork在2019年上市失败的原因之一是，大多数投资者都能看到，尽管该公司宣传自己是一个平台，但事实并非如此。

从这一角度来看，创造共同价值和建立使命导向型公司确实有利可图，投资者不愿意对使命进行投资，就不可能仅仅是因为他们固有的短期主义。它至少有一部分是由于信息的失灵。沃尔玛的股价之所以在董明伦发布消息后下跌，可能是因为投资者不知道如何衡量他所做的投资的影响，因此根本不相信这些投资有可能增加长期回报。

给投资者更好的数据

我花了很长一段时间才接受会计师掌握着拯救文明的钥匙这一观点，即使在我读了雅各布·索尔的精彩著作《账簿与权力：会计责任、金融稳定与国家兴衰》(*The Reckoning: Financial Accountability and the Rise and Fall of Nations*)，书中条分缕析地介绍了复式记账法的发明如何推动了现代国家的建立。我暗自认为会计是商业中落满灰尘、枯燥无味的部分，就跟管道工程的有趣程度差不多。

但后来我注意到一件奇怪的事情。我认识很多商业人士，他们只是稍稍担心这样一个事实，即我们整个经济运行的基础假设——产生大量的二氧化碳通常不会让公司花费一分钱，或者说掏空一个社区、给员工支付最低薪水、推动减税（对于公司来说）也没什么成本。但我认识的那些会计师对此并不是稍稍担心，而是极为担心。

我们都有一种普遍的感觉，就是被衡量的东西会被管理。但会计师们的职业生涯都是在讲述着会计规则的微小变化如何深刻地改变行为。他们明白，我们未能衡量许多因素，这些因素正在塑造着企业的业绩，但实际上是不可见的。

以"声誉"为例。我们知道它可以产生深远的经济影响，积累它需要多年，但摧毁只要一瞬间。"企业文化"也同样如此。但财务报告中却没有提到这两者，当然更没有衡量标准。如果你像大多数投资者一样，通过分析财务报表来做决策，那么就有大量的信息是你看不到的。如果你看不到，就会认为它不存在或不重要。

现代会计为现代市场奠定了基础。如果无法判断他们是否把投资者的利益放在首位，很少有人会把自己的储蓄托付给陌生人。而如果没有反映企业健康状况的准确数字，就不可能知道事实是否如此。我们倾向于把资产负债表这样东西的存在视为理所当然，但现代财务报告是百年来围绕着公司到底应该报告哪些数字，以及谁应该负责确保这些数字的准确性而斗争的结果。在大萧条的灾难导致公众强烈要求财务透明及美国证券交易委员会（SEC）[1]成立之前，美国公司通常不会定期报告多少财务信息。例如，以下是宝洁公司1919年的年度报告的全文。

---

1 SEC保护投资者并帮助维护公平有效的市场。它是监督证券领域的主要参与者，包括投资者、共同基金、证券交易所以及经纪人和交易商。SEC有权对违反证券法（例如内幕交易和会计欺诈等）的企业和个人采取民事执法行动。

宝洁公司办公室

1919年8月15日，俄亥俄州辛辛那提市

致宝洁公司的股东：

在截至1919年6月30日的财政年度中，本公司及子公司的业务总量为 193 392 044.02 美元。

在扣除折旧、损失、税收（包括联邦和州所得税和战争税）、广告和特别推介工作的所有准备金和费用后，该年的净收益为 7 325 531.85 美元。

本公司乐意向任何有兴趣的经认证的股东提供进一步的信息，请亲自到辛辛那提的办公室申请。

满怀敬意的，

宝洁公司

总裁：威廉·库珀·普罗克特

如果你在1919年是宝洁公司的股东，想了解更多关于公司的信息而不仅仅是年收入和利润，你必须亲自前往辛辛那提询问。这使得除非对公司非常了解，否则很难对其进行估值，而这反过来又限制了愿意投资任何一家公司的投资者数量。相比之下，现代财务会计让远在千里之外的投资者可以利用标准化的、经过审计的衡量标准将一家公司与另一家公司进行比较，而这些标准与业绩的联系被广泛理解，这又意味着几乎每个人都可以在任何地方进行投资，大大增加了经营良好的公司筹集资金的可能性。

对于那些依靠发现新的客户需求、降低风险和高度承诺的组织而取得成功的商业模式，要想说服投资者进行投资，关键的一步就是制定可靠的、标准化的指标，对企业战略和运营的各个方面进行衡量，而这些指标在历史上并没有写在财务账目中。以"风险"为例，我们知道，气候变化会给一些公司带来巨大的风险。但具体是哪些公司呢？随着消费者和政府对环境和社会问题的觉醒，那些以向大气中排放温室气体，或销售在恶劣劳动条件下生产的产品为生的公司面临着风险。但你无法从财务账目中了解到它们排放了多少气体，或者它们的供应商是否侵犯了人权。

或者以"文化"为例，很多人都有这样的感觉：企业文化为企业带来深刻的长期优势，善待员工可以大大提高企业的生产力。但一家公司是否善待员工、文化是否健康，很难通过其财务数据来判断。财务数据可以告诉你公司历史上的业绩如何，但不能告诉你现在进行的投资是否正确。如果你只依赖财务报表，有大量的信息你是看不到的。而如果你看不到，也就无法衡量，就不会知道它的存在，或它是否重要。

所谓的 ESG 指标是解决这个问题的一种可能的办法。它们起源于 20 世纪 80 年代，当时发生了一系列引人注目的灾难，包括 1984 年印度博帕尔毒气泄漏事件（造成至少 1.5 万人死亡，多人受伤），以及 1990 年阿拉斯加"埃克森·瓦尔迪兹"号石油泄漏事件，导致一些非政府组织要求企业披露更多关于其运营对环境和社会影响的信息。作为回应，一些公司开始发布企业社会责任报告。这些早期的报告只包含非常有限的量化信息。例如，壳牌公司1998年发布的报告几乎完全是对公司"一般商业原则"的闲聊式讨论。

1999年，环境责任经济联盟（CERES）成立了全球报告倡议组织（GRI），该组织致力于将可持续性报告标准化。GRI在2000年发布了第一套指南。到了2019年，全球最大的250家公司中有超过80%的公司采用这一标准来报告其可持续发展绩效，其数据库中有超过3.2万份报告存档。然而，GRI数据对投资者的作用有限。它们的主要目的是突出那些有助于非政府组织和政府对公司进行问责的信息，而公司无论其行业、规模、国籍或所有权结构如何，都要报告相同的信息。

由于许多投资者怀疑更好的ESG指标可以帮助他们获得更高的回报，因此，企业家和非营利组织为制定对投资者友好的指标而开展的活动呈爆炸式增长。这些工作不仅研究GRI数据，还利用了对公司的调查、年度报告和大量公共数据。据我所知，至少有两家初创企业正在利用人工智能从网络上获取用来构建有关社会和环境绩效的信息。

尽管这些数据中很多都是选择性披露的，往往难以比较，而且质量也参差不齐，但它们已经在改变全球投资实践。在所有专业管理的资产中，有超过40%的资产（价值47万亿美元），现在都在使用某种形式的社会责任标准进行投资。其中不到一半的资金是所谓的排除性基金，这些基金不包括枪支制造商或烟草公司等其他公司的基金。大约10%的资金是通过首席执行官的参与进行管理的，投资者积极开展工作，试图直接改变公司的行为，而其余的资金则是利用"ESG 整合"进行投资。2018 年，有 19 万亿美元以这种方式投资，至少占管理总资产的 20%。

有数百项研究探讨了 ESG 标准下的绩效与财务业绩的关联程度。研究结果因所选择的指标和研究结构不同而大相径庭。但从整体上看，迄今为止的证据表明，这些（非常粗糙的）ESG 绩效指标与财务成功之间没有关联。作为初步结果，这非常令人鼓舞，因为它表明，至少试图做正确事情的公司并没有落后于竞争对手。

更多的近期研究表明，未来的方向是专注于 ESG 指标中具有重要性的子集，即捕捉对盈利能力有重大影响的那些非财务绩效指标（重大事件或信息是指任何会影响知情投资者判断的任何事件或事实）。最近的研究使用手工制作的数据集，选择几乎可以肯定对公司经济表现具有重要性的指标，发现了令人信服的证据，证明两者是正相关的，但开发这类指标并非易事。琼·罗杰斯和她的同事们花了近 10 年的时间才将其中一套付诸实施。

在获得环境工程博士学位后，琼在一家清理超级基金[1]地点的公司找到了一份工作。她非常厌恶这份工作。她后来说："我讨厌那份工作，因为……它只是在收拾残局，而让我感到恐惧的是人们让它发展到了这个地步，并且对这些不能解决真正问题的末端'解决方

---

[1] 联邦超级基金（superfund）计划由美国环境保护署（EPA）管理，旨在调查和清理被有害物质污染的场所。——译者注

案'还挺满意。"她跳槽到了一家大型会计师事务所，希望在那里获得如何解决环境问题的商业视角，随后又去了全球专业服务公司奥雅纳（Arup），成为该公司美国管理咨询业务的负责人。

在那里，她对现有的报告标准非常不满。她后来回忆说："我与许多公司合作编写可持续发展报告，但它们并没有被用作管理工具。""公司做这些事情，只是为了可以说自己做了，把它们用作公关。行业之间甚至同行业内都没有可比性。"很少有行业拥有指标。"GRI的大部分报告都是依靠一般性指标，他们只为提出要求的5个行业定义了专有的行业指标。我知道，而且其他人也同意，因为不同的可持续性指标的重要性，或多或少取决于特定行业中的公司的行动，所以报告必须基于行业，但当我在谈话中提出这个问题时，人们会说'是，但这太难了，有太多的行业和太多的指标'。"

2011年，琼与其他一些在可持续发展和财务报告之间交叉工作的先驱者一起创立了可持续会计准则委员会（SASB）。琼希望建立这样一个世界：所有投资者只要输入一个股票代码，就可以得到关于任何公司的有用的ESG数据，就像调出财务数据一样简单。她的计划是为每个行业制定单独的标准，这样公司只需要报告对他们来说重要的问题。这些数据很容易被审计，也很容易在公司之间进行比较。[1] 对重要性的关注将使SASB能够辩称，每个公司都有责任准确报

---

1 根据美国证券交易委员会的规定，每家公开交易的公司都有义务向投资者提醒所有"重大"信息，"如果所披露的事实非常可能会让理性投资者认为会显著改变现有信息的'整体组合'，则该信息是重大的"。

告这些指标，因为它们有法律义务报告所有重要信息。这也意味着，这些指标将更有可能与公司的业绩相关，从而对投资者有用。琼认为，一旦这些指标被定义并被广泛接受，它们将使公司能够更有效地传达旨在创造共享价值的战略举措的意义，而一旦投资者能够对ESG指标和财务业绩之间的联系建立更清晰的认识，他们将推动自己拥有的公司利用这些指标来改进公司的战略。

琼和她的员工首先为每个行业绘制"重要性图表"，搜索了数万份文件，以了解影响每个行业业绩的问题，并制定了一套初步的指标，这些指标是有用的、具有成本效益的、可在公司间进行比较的，并且是可能进行审计的。然后，他们召集了一系列行业工作组，吸收投资者、公司和其他利益相关方的意见，制定出一套标准草案。每一份草案都要经过SASB全体成员的进一步审查，然后在90天内向公众征求意见。截至2018年，该小组已经发布了77个行业的全套标准。

如上所述，初步的学术分析证实，新标准与长期财务业绩呈正相关。同样耐人寻味的是，也有证据表明，这些标准正在帮助公司吸引投资期限明显更长的投资者。例如，考虑一下索菲亚·门德尔松在捷蓝航空的经历。

索菲亚曾在跨国家具制造商海沃斯（Haworth）和上海的珍·古道尔研究会（Jane Goodall Institute）担任新兴市场的可持续发展主管。在上海工作期间，她在中国各地的办公室和学校建立了环保项目。她于2011年加入捷蓝航空，担任其可持续发展主管。当她加入捷蓝航空时，该公司每年要扔掉1亿个易拉罐。她的第一个任务是制订一个回收计划，然后，她开始思考自己还能做些什么。

她首先专注于在任何可能的地方创造共享价值，无论在哪里她都能找到它。2013年，她启动了一项资源效率计划，希望（除其他目标外）减少饮用水的使用。捷蓝航空的大多数航班在降落时水箱几乎是满的，因此索菲亚带头实施了一项政策，要求饮用水箱只需装四分之三满。这一改变使得每年减少约2700吨的二氧化碳排放量，并每年节省近百万美元的燃料。

2017年，索菲亚和她的团队率先推出了一项跨职能计划——在捷蓝航空的总部纽约肯尼迪机场引入电动车作为地面服务设备。该项目预计在10年内可减少约300万美元的运营费用，净现值接近75万美元。它引发了整个行业的广泛关注，至少有一家机场当局将其作为地面服务设备电气化的最佳思路范例。两年后，索菲亚签订了一项具有约束力的协议，以与标准喷气燃料相同的价格，每年购买3300万加仑的可再生混合喷气燃料，为期至少10年。这是航空史上规模最大的可再生喷气机燃料购买协议，因为喷气机燃料是捷蓝航空除工资和薪金之外最大的成本要素，而且其所占营收比例也在大幅波动，这堪称一次重大的政变。

索菲亚对会计的兴趣源于她与捷蓝航空投资者关系部同事的一次谈话。捷蓝航空通过强调对客户的热情服务，已经成为美国最赚钱的航空公司之一。这意味着要进行长期投资，不仅要投资于能够立即改善客户体验的技术投资（如多频道电视），还要与机组成员建立牢固的关系，并思考客户对可持续发展的关注会如何影响他们对航空公司的看法。但是，尽管有这样的长期导向，许多航空公司的投资者，包括捷蓝航空的一些投资者，基本上都是短期导向的。索菲亚在投资者关系方面的同事认为，如果捷蓝航空能够找到一种更有效的方式来传达自己的战略，将有助于吸引更多长期的、以增长为导向的投资者。这样一来，就更容易实施那些最有可能推动捷蓝航空增长的长期投资。

对此，索菲亚建议捷蓝航空成为第一家发布SASB报告的航空公司。她认为，由于SASB对航空公司的衡量指标既包括公司与员工的关系，也包括获得可持续发展的方式，因此发布这样一份报告将有力地传达公司长期的、以增长为导向的前景，特别是捷蓝航空在这两个方面都明显领先于竞争对手。

她后来谈到这个决定时说：

> 归根结底，我们想做的是……提升股票的价值，让投资者更为多元化，（并且）减少股票的波动性。因此，我们希望股东长期相信我们的股票。投资者是我们的所有者，他们理应以他们想要的方式获得信息，特别是涉及影响行业的重大环境和社会趋势的信息。可持续发展报告已经从讲故事转变为以模型为导向的数据共享。

这种报告策略极大地提高了投资者的兴趣。一位主要投资人在旅途中花了两个小时来核对索菲亚的数据。到2017年，营业额已从2015年的增长30%变为增长39%，是行业内最高的数字。两年后，越来越多的投资人在提问时会从可持续发展无缝切换到业务上。索菲亚还发现，整理报告的过程在组织内部产生了强大的强化效应，因为将可持续发展作为对捷蓝航空的财务表现有重大影响的事情来看待，这种大家都能理解的观点为谈论气候变化等问题提供了一种方式，并在整个公司建立了对这一理念的承诺。

因此，精心设计、重要、可审计、可复制的ESG指标可以发挥重要作用，将使命导向型公司与关心长期发展的投资者匹配起来，让他们把创造共同价值看作获得高利润的途径。这还可以让资产所有者解决一些固有的代理问题，因为许多金融资产都是由那些相对短期的人进行专业管理的，这些指标使得资产所有者更容易向管理他们资金的专业人士传达对长期、社会和经济表现的关注。以日本政府养老金投资基金为例。

水野弘道于2014年秋天加入日本政府养老金投资基金（GPIF），担任其首席投资官。他辞去了在伦敦备受瞩目的私募股权工作，接受了大幅降薪，在东京市中心一栋平淡无奇的办公楼里管理着80名员工。当时的新闻报道说这是一个非常规的决定，但没有人说这有可能引发一场革命，让世界上最大的资金池之一与其资产管理者合作，解决环境、社会和治理问题。

GPIF是世界上最大的养老基金，持有约162万亿日元（约合1.6万亿美元）的金融资产。在2013年之前，该基金将大部分投资组合投资于日本主权债券。但在2014年，GPIF的监管机构决定，该基金应使其投资组合多样化，并将相当一部分资源投资于股权（上市公司的股票），希望能大幅提高收益。这就给水野带来了一个难题。

他可以采取两种方法来提高GPIF的业绩。一种是尝试挑选赢家，只投资那些有可能超越竞争对手的公司。这种方法具有直观的意义，有时会产生惊人的成果。例如，当彼得·林奇在1977年接手麦哲伦共同基金时，该基金管理的资产只有约1800万美元。林奇认为成功的秘诀在于深入了解各家公司，并投资他认为最有可能成功的公司。他取得了惊人的成功：1977年至1990年，该基金的年平均回报率超过29%，使麦哲伦成为全球表现最好的共同基金。到1990年，它管理的资金超过140亿美元。

但水野知道，林奇的故事是一个诱人的特例。像林奇这样试图只投资表现优异的公司的"主动型"投资者，平均而言，其回报率始终低于购买一组特定股票并简单持有的"被动型"投资者。此外，GPIF的规模实在太大，无法只投资有限的几家公司。它拥有日本股票市场约7%的份额，约占全球股票市场的1%，而且它也是债券市场的一个巨额投资者。这意味着该基金是所谓的"全面投资者"，即拥有大量投资资金的投资者，以至于它实际上是被迫持有所有可买的公司的股票。事实上，GPIF 90%的日本股票组合和86%的外国股票组合都投资于"被动型基金"，这些基金持有特定类别的所有可买的股票，旨在跟踪整个市场的表现。

因此，水野决定尝试通过改善整个经济的健康状况来提高GPIF

的业绩——说服日本（乃至世界）的所有企业接受 ESG。

用水野的话说：

> 私营企业总是建立在竞争模式上，但 GPIF 是公共资产所有者，我们不需要打败竞争对手或市场……GPIF 是一个超级长期投资者。我们是全面所有者的教科书式定义……有人说 ESG 不是能够实现超额回报的积极属性。但是……我们对赚取超额收益不感兴趣。我们更感兴趣的是让整个体系更好地发展。

他在不经意间强调了这种基于环境和社会绩效的投资方法，与日本传统上的文化价值观是一致的。他说："如果我跟我的祖母讲，在我的职位或工作中，考虑全球环境或社会问题和我的职业责任是冲突的，她会非常生气地让我立即辞职。"

有几个理由相信，推动企业关注环境、社会和治理问题将改善日本经济的表现。专注于改善公司治理，ESG 中的"G"似乎是显而易见的出发点。人们普遍认为，在过去的 20 年里，日本企业的回报率明显低于外国竞争对手的原因之一是，以全球标准衡量的话，日本企业的董事会相对较弱。许多日本经理人在自己的职位上非常安全，以至于他们没有感觉到要退出那些表现不佳的业务或探索新机会的压力。2017 年，只有 27% 的日本大公司的董事会中有超过三分之一的董事是独立董事，而这些"独立"董事中有很多是没有什么管理经验的律师或学者。因此，GPIF的第一要务是试图说服其资产管理公司推动其拥有的公司改善治理结构，从而赋予投资者更多的权力，要求他们披露更多的业务信息，与股东讨论长期战略，并在投票时考虑治理问题。

关注社会问题，或ESG中的"S"，似乎也有可能产生巨大的红利。日本的出生率在20世纪70年代中期下降到更替水平以下，日本的劳动年龄人口的下降速度比世界上任何其他国家都快。鉴于日本封闭的移民政策，说服更多的女性留在劳动力队伍中，对长期经济增长至关重要。但要做到这一点，需要解决一些根深蒂固的结构性问题。许多日本企业实行双轨制。新员工会被分到"综合职"（管理轨道）或"一般职"（普通文职轨道）。进入"综合职"对于确保正常就业地位和晋升到管理职位的可能性至关重要，但女性被分配到"一般职"的比例过高。女性还被期望承担起养育子女的主要责任，而且由于大多数雇主期望雇员工作更长的时间，因此生育与事业很难兼顾。2017年，世界经济论坛发布的《全球性别差距报告》显示，日本在144个国家中排名第114位。

水野还认为，试图解决日本的环境问题，ESG中的"E"对于确保其受益人的长期福祉至关重要。不加控制的气候变化有可能破坏日本粮食供应的稳定，并使这个已经遭受太多自然灾害的岛国发生灾害的频率加剧。"即使30年后我还支付得起养老金，"水野说，"如果我的子孙们不能在室外玩耍，那又有什么意义呢？"

决定关注ESG是一回事，执行该决定则是另一回事。作为一个独立的行政机构，GPIF被禁止直接买卖股票或直接与公司对话，以尽量减少政府对私营部门的潜在影响。该基金的所有投资都外包给独立的资产管理公司。[1] 因此，水野首先要求GPIF的34家资产管理公司中的每一家，都与他们所投资的每一家公司就该公司在ESG问题上的做法开展系统性的对话，在每家公司的代理选举中投票，并向GPIF报告投票情况。例如，资产管理公司可能会指出，某一董事会的提名和治理委员会没有独立的主席，并询问何时会纠正这一问题，并威胁说如果不纠正就会对管理层投反对票。GPIF会与每家资产管理公司每年进行至少两次一对一的会面，要求他们概述是如何与公司接触的，并要求他们披露其代理投票情况。

如果以一种非常日本化的方式说一切都乱了套，那可就太轻描淡写了。一位观察者认为，水野提出的希望GPIF的被动管理人要"消极主动"的建议是"资产管理史上最具争议性的公告"。几乎所有的基金资产经理都悄悄地、礼貌地抗议说，他们不具备在ESG方面做出明智决策所需的专业知识。主动型经理反对说，他们的专长在于增加阿尔法（按风险和市场调整后的相对收益），他们不相信关注ESG会有帮助。被动型经理认为，由于他们获得的报酬不到投资价值的0.1%，他们负担不起发展必要能力的开支。

水野同样平静和礼貌地回答说，他无意减少任何人的报酬，他

---

[1] GPIF被允许直接投资于债券和共同基金；GPIF固定收益资产的15%由内部管理。

很乐意为更好的业绩和提高专业知识付费。他还以非常外交的口吻指出，任何资产管理人都不应觉得是被迫为 GPIF 工作。随后，他改变了 GPIF 评估、选择和补偿其资产管理公司的方式，与愿意接受新收费结构的主动型管理公司签署了多年合同，旨在明确奖励他们产生阿尔法和专注于长期投资，并要求被动型管理公司针对费用提出"新的商业模式"。两年后，没有一家被动型管理公司提出具体建议，他便将 GPIF 的选择标准中治理活动的权重提高到 30%，并宣布对未达到新期望的资产管理公司的投资配置可能会减少，最坏的情况是失去 GPIF 的业务。他还重申愿意改变收费结构。

水野的投资顾问对新合同感到不安，认为给资产管理公司签订多年合同违反了 GPIF 的信托责任，因为多年期合同牺牲了可以随时解雇管理公司的内在选择价值。对此，水野回答说，未能签署长期合同才是违反了 GPIF 的信托责任，因为它助长了短期主义。他说："他们没有正确理解我的受托责任。我有跨越几代人的受托责任。"

水野还利用 GPIF 的规模和知名度，在整个日本商界提高对 ESG 问题的关注。他推出了 5 种基于 ESG 主题的股票指数，并将 GPIF 分配给股票资金的约 4%，即约 3.5 万亿日元（约 320 亿美元）投入其中。他还确保全面披露构建每个指数所使用的方法。这并不是惯常的做法。水野指出：

> 如果我用更传统的方式思考……把我的工作定义为击败市场，我们就不应该要求指数供应商披露方法。尽管如

此，我们还是要求他们披露，因为我们想要的是改善整个市场，而不是击败市场。在获得选择标准后，未被选入指数的公司可以学习如何提高其ESG评级，同时，我们要求指数供应商与企业接触并报告它们的进展。供应商表示，自指数首次推出以来，他们收到的来自日本的咨询数量大幅增加。

水野改变了日本投资者和日本企业思考创造共享价值的潜力的方式，以及对投资于社会和环境问题的重要性的看法。在2015年至2018年，媒体提及ESG的次数增加了8倍多。在大中型公司里，分别有80%和60%的公司表示，对ESG指数的日益关注提高了他们公司对ESG的认识，并带来了真正的改变。近一半的日本零售投资者声称，他们认识到在投资决策中考虑ESG的重要性。在过去的两年里，日本金融资产中分配给可持续投资的比例已经从3%增加到近20%。

显然，还有很多工作要做，但水野的初步成功令人深感鼓舞。广泛使用重要、可复制、可比较的ESG指标改变了游戏规则，它可能使投资者对企业在社会和环境表现方面的投资与单个公司的回报（如捷蓝航空），以及整个投资组合的回报（如GPIF）之间的关系有更深入的了解。但单靠采用ESG指标显然不足以解决短期主义问题。许多ESG指标仍然难以构建，在各公司之间很少有可比性，而且往往难以审计。即使是那些经过深思熟虑的指标，也不足以捕捉到可能推动业绩的有用的非财务因素。

制定出被广泛采用并可以定期纳入财务报表的标准化指标需要一些时间。此外，即使有世界上最好的 ESG 指标，也很难令人信服地传达一些更为无形的投资的价值，证明这些投资让使命导向型企业取得成功。就像我介绍 SASB 时说的那样，这是一个非常活跃的研究领域，未来的情况可能会发生变化。但与此同时，其他一些让资本专注长期的解决方案已经出现，值得探讨。

一种可能性是完全脱离公共市场。例如，家族企业原则上有专注于长期价值创造的理想条件，像塔塔和玛氏这样的家族企业身居世界上最具使命导向型企业的行列。但是，尽管有一些证据表明情况确实如此，但家族企业的业绩往往波动很大。事实上，许多发展经济学家认为，在那些尚未发展出广受信任的公共市场的国家，依赖家族所有权是抑制经济增长的因素之一。[1]

私募股权基金提供了另一个高度知情的长期资本来源，但这方面的证据也是好坏参半。私募股权基金的表现似乎优于公共市场，但据我所知，没有系统性的证据表明它们比公共市场更注重长期发展。

另一种可能性是寻找那些本身受使命驱动的投资者，他们与公

---

[1] 家族企业是否优于公开交易公司这一问题备受争议，这可能是因为很难从家族企业收集全面的财务信息。一些消息来源认为，他们更有可能为了长期弹性而牺牲短期收益。平均而言，它们的表现要好于预期。

司有着相同的目标和长期承诺。坏消息是，这样的投资者并不多。好消息是，这种情况正在发生改变，他们所投资的公司在面对更为传统的竞争者时，完全有能力保持自己的优势。

寻找与你有共同目标的投资者

所谓的"影响力投资者"，在财务上就相当于联合利华或 KAF 等使命导向型企业。他们追求体面的回报，但他们的目标是改变世界，而不是追求利润最大化。这个群体不仅包括比尔及梅琳达·盖茨基金会和奥米迪亚（Omidyar）网络等慈善基金会的分支，还包括富有的个人和家庭、私募股权公司，甚至一些机构投资者。私募股权合伙人雷尼尔·英达尔资助了挪威回收公司的收购，也是埃里克·奥斯蒙森努力扭转公司局面时最有力的支持者之一，现在他领导着私募股权投资基金 Summa Equity。其网站自豪地宣称："我们投资是为了解决全球的挑战。"

特里多斯银行（Triodos）是一个尤为突出的例子，说明了这类机构可以行使的权力，以及建立这类机构所需要的投入。这家银行总部位于荷兰，最初是一个 4 人研究小组，致力于探索如何更有意识地管理资金。他们对哲学家、科学家鲁道夫·斯坦纳（Rudolf

Steiner）提出的精神哲学体系感兴趣。斯坦纳认为社会由经济、权力（包括政治和法律）和文化精神这三个领域组成。他认为，一个健康的社会取决于这三个领域之间的平衡。这几位创始人决定，他们的新公司的使命是通过激励创新的企业活动来发动社会变革。特里多斯银行成立于1980年，拥有54万欧元的启动资金和荷兰中央银行颁发的银行牌照。该银行由客户所有，这一战略使其能够明确追求建设健康社会的目标，而不是追求短期回报的最大化。如今，它管理的资产超过150亿欧元，收入2.66亿欧元。

"Triodos"一词翻译为"三重方式"，斯坦纳的三个社会领域健康发展的理念一直是银行宗旨的组成部分。特里多斯银行投资管理部的艺术和文化主管埃里克·霍特休斯这样描述该银行使命导向的宗旨：

> 对社会来说，有三件事很重要。首先，保护地球——所以我们参加各种环境项目。然后，人们如何在地球上相处——因此我们倡导公平贸易和小额信贷。最后，个人发展——所以我们积极参与文化活动。这也把我们和其他银行区别开来。我们不会说："我们是一家银行，让我们看看哪些领域可以赚钱。"我们说："地球（环境）、我们（社会）和我（文化）这三个部门，是我们的出发点。我们作为一家银行能为它们做什么贡献呢？"

该银行的首席执行官彼得·布洛姆这样描述银行的愿景：

你想要影响未来10年发生的事情……这已经是和很多其他银行不同了。也许他们会考虑一下未来，但更多的是"我们如何能把已经在做的事情做得更好？"而不是"我们要影响和改变什么？"

这是一个非常重要的概念，如果你这样做的话，你就需要思考社会的大趋势。我们要去哪里？人类将何去何从？人的本质是什么？然后你要能够在10到50年后回头看，看看有什么成效。这就是一种从未来学习的方法，再退回我们现在所处的位置。如果你不这样做，那么就很容易不断重复过去。你要理解时代的精神。时代精神与企业家更长远的发展及我们将如何开展业务息息相关。

要找到这些目标的衡量标准并不是一件容易的事情，特里多斯银行就是一个活生生的例子，说明了简单依赖ESG指标的局限性，不管这些指标多么先进。例如，是否发放贷款的决定是一个涉及个人和集体判断的微妙过程，要求信贷员确定申请是否与银行的使命相一致，还要正确地表述风险状况。在银行经常听到的一句话是："如果有个孩子来问你要5欧元，你的第一个问题是'你想要它做什么呢？'"正如首席财务官皮埃尔·艾比所说的："当我们投资一笔贷款时，我们首先要看这笔贷款的用途是什么？借款人的目的是什么？借款人给社会增加了什么价值？与我们的价值观有哪些重叠？然后我们再严格地以银行家的眼光来看待它，还款能力如何？他们是做什么的？有什么抵押品？然后我们确定市场价格。"

在荷兰为银行管理商业贷款的丹尼尔·波韦尔解释说："比如说，一个有机农场主雇用以前的吸毒者在农场工作；他还经营着一个制作绘画和雕塑的艺术中心；他想贷款在屋顶上安装太阳能电池板。那这很容易，非常容易，每个人都会答应。"但项目经常会落入灰色地带。银行称之为"两难"，需要在与同事讨论时运用个人的判断力和辨别力才能做出决定。丹尼尔讲了一个在银行每周一上午的例会上讨论的两难问题的故事。

一家鞋厂向我们申请贷款。这是一家非常有名的鞋厂，至少在欧洲是如此。他们正试图通过提高能源效率来降低能源成本。他们希望获得贷款，利用工厂的皮革生物废料（他们在刮牛皮时收集的油性物质）来制造自己的能源。他们想通过燃烧这种物质来产生热能和电力，以将能源使用量减少30%或35%，这是一个很大的数字。他们在其他环境问题上也很先进，比如，在制鞋过程中使用了很多化学品，他们对水进行了净化，使其几乎可以作为饮用水。

在会上介绍了这个例子的同事问道："我们要提供资金吗？"有人问："为鞋子提供皮的那些牛，可以在外面走动吗?"那个同事回答说:"你想让你的鞋子上有铁丝网的痕迹吗?它们当然不能在外面走动,它们被关在室内。"这里有个问题——特里多斯银行不想支持集约化的动物养殖业务,它们把动物限制在过度拥挤的室内空间,不允许它们自由活动或到户外去。所以问题是,我们应该怎么做?

简而言之,特里多斯银行依靠的是指南而不是量化标准。人们不仅要用头脑,还要用心灵和直觉来思考项目。正如布洛姆所说:"我们刻意不使用'标准'这个词。我们一直称它们为'指南',这为讨论和对话创造了空间。那是一种更情境化、更生活化的东西,比起设立一个抽象的标准,这里需要解释的东西可能会更多。"

特里多斯银行的财务回报率在 5%～7%,明显低于全球大型银行在最好的年份所赚取的回报率,但明显高于最差的年份。它还成功地给世界带来了重大影响。它推出了欧洲第一个绿色基金——生态土地基金(Biogrond Beleggings Fonds),专门用于资助欧洲的环境可持续项目。很快,风能基金也随之成立。当时,风能技术还处于早期阶段,但该银行在丹麦、德国和荷兰找到了有潜力的风力涡轮制造商,并将荷兰的一家小型工程公司作为潜在合作伙伴。该基金从一开始就实现了盈利,并对整个行业产生了重大影响,因为其他银行也开始提供类似的产品。布洛姆这样总结这种系统层面的干预方式:

你要从战略的角度观察，要了解这个行业。你说这是缺失的，但在一个健康的行业里需要这些元素。当然，还有客户的需求。我们现在如何找到想和我们一起走下去的创业者？

我们正试图启动一个良性循环：我们提供的贷款作为示范项目，并产生溢出效应，让其他人进入这个领域。我们寻求信任，所以我们尽量不做一家总想着让自己多赚钱的典型银行。客户找我们是因为我们是一个枢纽。我们正在建立一套全新的技能，以支持更具协作性的经济。

总之，特里多斯银行追求的是一种经典的使命导向战略，利用其对更广泛的社区的关注来催化那种可以改变整个系统的架构创新。这个价值6.4万美元的问题是，这类重视地球的福祉而不是尽可能榨取资金回报的投资者，到底是一个边缘群体，还是未来的趋势？我想我们还不知道答案，但我充满希望。随着婴儿潮一代的去世，预计未来25年将有约68万亿美元的财富易手，而这些财富中的大部分将交给年青一代，他们对影响力投资的兴趣比他们的父母要大得多。

争取长期投资者的另一条途径是向客户或员工筹集资金。例如，特里多斯银行成功的关键在于它是由客户所有的，这些客户选择拥有银行是因为他们认同银行的使命和价值观，并致力于银行的长期成功。KAF的首席执行官认为，公司完全由员工拥有这一事实，使员工对公司使命的参与和投入达到了其他方式无法实现的程度。

客户所有的公司存在之普遍出人意料。农村电力合作社在美国电气化过程中发挥了关键作用，至今仍为美国10%以上的人口提供电力。许多农民发现自己受制于集中买家，创建了农民所有的合作社来应对，如蓝多湖（Land O'Lakes）或美国奶农协会（Dairy Farmers of America）。这些团体把单个农民的力量凝聚起来，以确保他们获得市场价格，并经常支持那些促进销售的营销活动。目前，美国约有4000家客户所有的农业合作社，收入约为1200亿美元。

早期保险业是由客户所有的互助保险公司所主导，因为投资者所有的保险公司最初专注于收取尽可能高的保费，而客户所有的公司则更有可能签下奖励降低风险行为的保单。美国目前仍有大约两万家互助保险公司。信用社是由客户所有的合作社，其成立的目的是为其成员提供尽可能好的服务，而不受必须使投资者回报最大化的限制。这种信用社目前在美国大约有5万家。信用社和互助保险公司总收入约1800亿美元，雇员达35万人以上。

以世界上最大的农产品买家或世界上最大的银行的标准来看，这些数字并不大。例如，世界上最大的两家农产品贸易商的总收入超过了4000家农业合作社的总和。美国最大的两家银行的总收入比5万家金融合作社的总收入还要高。但这些机构的存在表明，客户所有权或许是重塑商业的一个关键部分。

员工持股比较普遍，不过在大多数情况下，员工对公司的管理基本没有控制权。2013年，约38%的美国雇主提供利润分享；20%

的员工表示拥有其雇主的股票；约 5% 的员工参加了员工股票期权计划（ESOP）；约 15% 的员工参加了员工股票购买计划（ESPP），该计划允许员工购买其雇主的股票。经理或销售人员最常参与这类计划，但所有类型的员工都可以而且确实参与了。在某些此类公司中，员工拥有公司的大部分（或大量少数）股权。例如，租车公司安飞士为员工所有，直到 1996 年将其出售给外部投资者。1994 年，美国联合航空公司的员工同意实施 ESOP，以工资让步为交换条件获得了 55% 的公司股票，使该航空公司成为当时世界上最大的员工持股公司，其员工持股于 2000 年结束。

员工控股的情况不太常见，但它正吸引着越来越多的关注，特别是作为解决不平等问题的一种方法。迈克尔·佩克是蒙德拉贡（Mondragon）公司在美国的代表，是"一员工一票"（1worker1vote）组织的执行董事，这是一个非营利组织，旨在支持按照蒙德拉贡模式组建合作社。该组织在全美 10 个城市支持这项工作，并与包括钢铁工人联合会、美国国家合作银行和美国可持续商业理事会在内的众多组织建立了联盟。在英国的普雷斯顿，地方议会正在积极尝试工人所有的合作社，作为振兴城市的一个步骤。

大众连锁超市（Publix）是美国最大的员工控股公司，在美国东南部有 1000 多家分店，20 万名员工。英国最大的员工控股公司是约翰·刘易斯合伙公司，该公司在全英经营约 40 家百货公司和 300 家杂货店。2017 年，它的营业收入略高于 100 亿英镑（约合 123 亿美元）。它是一家上市公司，其股票以信托方式由 83 万多名员工（公司内部称为"合伙人")持有。该公司由合伙理事会管理，其成员每3年由合伙人投票选举产生；合伙董事会由理事会投票选举产生，并作为公司董事会；董事会主席则由董事会选出。

蒙德拉贡是一家总部位于西班牙巴斯克地区的公司，它是全球最大的员工持股公司。2018年，它的收入为120亿欧元（约合132亿美元），员工超过8万人。它以合作社的形式运行，因此工人兼所有者以一人一票的方式直接参与公司的管理，所有权不可转让。当工人退休或离开时，他们会收到一份财务方案或养老金，以换取他们的所有权股份，而不允许他们出售股份。蒙德拉贡是100多个工人合作社的控股组织。它们共同参与了几十个行业的竞争，包括重工业（汽车零部件、家用电器、工业机械）、轻工业（运动器材、古董枪械、家具）、建筑和建材、半导体、信息技术产品、商业服务（人力资源管理、咨询、法律）、教育、银行和农业。蒙德拉贡大力投资教育（蒙德拉贡大学是一个拥有约4000名学生的非营利性合作机构），并经营着自己的银行和咨询公司，致力于帮助其成员合作社取得成功并催生新的合作社。2013年，该公司获得了《金融时报》的"商业魄力奖"，"因为它提出了关于新型商业模式'人性工作'的切实建议——基于合作、共事、团结和让人们参与到工作环境中"。

正如你所期望的那样，员工持股的公司似乎优先考虑的是就业而非利润，并向员工支付高于现行工资的薪酬。一项研究发现，2009年至2010年，3%的员工所有者被解雇，而非员工所有者的比例为12%。员工所有者的固定缴款账户中的金额约是类似非员工所有公司中参与者的两倍多，整体资产多出20%。[1]蒙德拉贡的一位高级经理表示，该公司在减少不平等方面发挥了重要作用，并声称如果西班牙的巴斯克地区是一个国家，它的收入不平等程度将是世界上第二低的。员工所有的公司增长得更快，在"最适合工作的公司"排名中的占比也较高。

当员工的所有权与参与决策的能力相联系，并伴随着更高的工作保障时，员工的忠诚度和积极性就会提高，流动率降低，并推动更高水平的创新和生产力。比如KAF是由员工拥有的，这使得它更容易进行投资，那些投资对于建立和维持高度敬业的员工队伍至关重要，不仅要提供培训、体面的工资和福利，还要投入必要的时间和精力，以确保信息的广泛共享、文化的持续发展和每个人的参与。

因此，客户所有权和员工所有权都为重塑金融提供了有前景的路线，而提高它们在经济中的份额和分布很可能是重塑世界商业的关键组成部分。对于那些有意建立更加公平和可持续发展的世界的人来说，公平的法律和监管竞争环境，让员工或客户所有的公司更容易创设，是一个重要的政策目标。但目前，它们更像是一种有前途的未来模式，而不是一个直接的解决方案，对于使命导向的千禧一代来说是个很有前途的项目！

也许这就是为什么很多在这个领域工作的人认为，迫使投资者关注长期的唯一方法就是改变游戏规则，减少他们对公司的权力。

---

1 固定缴款账户是员工和雇主向其缴款的银行账户，用于日后支付员工退休金。

改变游戏规则，减少投资者权力

许多我所尊敬的人认为，如果我们要建立一个公正和可持续发展的世界，就必须完全摒弃股东至上的理念。他们认为，采用一种不同的企业观是构建可持续发展社会的唯一途径。在这种企业观中，经理和董事不仅要忠于投资者、忠于企业的"利益相关方"，还要忠于员工、供应商、客户和社区本身。他们热衷于改变控制公司治理方式的法律规则，以实现这一目标。

我对我们需要在某些重要方面减少投资者权力这一想法有深深的共鸣。但我认为，实现这一目标的途径比一些支持者所建议的要复杂得多，而且可能并没有那么直接有益。

比方说，我是"共益公司"（benefit corporation，b-corp）这种法律形式的拥护者。以共益公司形式成立的公司正式承诺创造公共利益，并为其投资者提供体面的回报。公司必须公布一项战略，概述其计划如何做到这一点，董事会有正式的责任做出能够创造公共价值和私人价值的决策。共益公司还必须每年提交一份可审计的报告，详细说明其在创造公共利益方面的进展情况。你可以在包括特拉华州在内的美国36个州注册成立共益公司，目前至少有3500家共益公司在运营，包括 Kickstarter、巴塔哥尼亚、达能（Danone）、艾琳·菲舍尔（Eileen Fisher）和七世代（Seventh Generation）。

对于那些致力于让世界变得更美好的公司来说，选择成立共益公司会带来许多切实的优势。它明确指出，无论是董事还是经理，都没有使股东价值最大化的法律责任。事实上，董事们在做每一个决定时都要考虑公众利益。最重要的是，当董事们承诺出售公司时，他们可以选择能够为公司所有利益相关方创造最大价值的买家，而不是为现有股东提供最多现金的买家。这一点极为重要。如前所述，传统公司的董事一般没有实现股东价值最大化的法律责任，除非他们已经做出了出售公司的决定，而且现有股东在新实体中不会有投票权。如果是这种情况，美国董事有法律责任将公司卖给出价最高的买方。这看似是一个细节，其实不然。在传统公司中，董事们总是有可能被迫将公司卖给出价最高的买家，这一事实会使公司更难做出建立信任、善待员工的长期投资，而这些投资对于建立"高度承诺公司"来说是至关重要的。受制于金融市场变化的公司是不值得信任的合作伙伴，这可能使他们更难建立长期的、基于信任的关系，而这种关系对于建立使命导向型公司来说是至关重要的。

这是否意味着让所有公司都变成共益公司是重塑商业的秘诀？唉，也许不是。减少投资者权力是一把双刃剑。如果公司的投资者、董事会和管理团队都坚定地致力于做正确的事情，并不惜一切代价去实现它，那注册共益公司就非常有意义。公司的管理者将不必依靠那些注定不完善的共享价值的衡量标准来说服投资者"开绿灯"，而且如果专注于公共价值创造能提高盈利能力，投资者甚至可能会得到更好的回报。何乐而不为呢？

有两个问题。第一个问题是，这种模式在很大程度上依赖于公司吸引投资者的能力，这些投资者认同公司的使命，或者认为这种经营方式是提高利润率的可靠途径。在共益公司中，所有的权力都掌握在投资者手中。只有他们可以选举董事，只有他们可以通过起诉来强制让公司遵守使命。在最坏的情况下，无情的投资者可以通过投票选举新的董事会来控制公司，让创造公共利益变成一纸空文，然后再重新建立一个传统公司。

第二个问题是，并非所有的经理和董事会都值得信任。除非ESG指标发展得足够完善，能够让投资者相当确定地判断一家公司是否在创造公共利益，否则管理者和董事会都会倾向于将共益公司结构作为一种轻松生活的方式。当然，如果投资者愿意起诉，而且公司的指标足够详细，并与业绩密切相关，这就不会成为问题，但这种策略对良好的衡量标准及投资者与管理团队的深度接触给予极大重视。

以日本为例，"二战"后重塑日本的"奇迹"强调终生雇佣、与供应商的密切关系、长期坚持投资及对顾客近乎执着的关注。日本企业与其投资者之间的紧密关系是对这一做法的补充。日本企业历来从银行筹集大部分资本，大多数企业的董事会完全由公司内部人员组成，并由首席执行官担任主席。虽然许多公司都是公开上市的，但它们受到广泛的交叉持股制度的保护，免受被收购的威胁。[1] 实际上，日本的经理人几乎可以做他们想做的任何事情，而不会受到投资者的威胁。

在 1960 年至 1995 年，这种方法曾非常有效，它使日本企业建立了像丰田这样以使命为导向、以客户为中心的公司，并以创新、低成本、质量无与伦比的产品征服了世界。日本的 GDP 以惊人的速度增长。1960 年，日本的 GDP 仅略高于英国的 60%。到 1995 年，它的规模是英国的 4 倍。

但从 1995 年开始，日本经济停滞了。1995 年至 2017 年，英国经济规模大约翻了一番。但在同一时期，日本经济几乎没有变化。它仍然是世界第三大经济体，其规模大致相当于英国和法国经济的总和，但日本的生产率、增长率约为美国和欧洲的一半。日本经济基本停滞了 20 年，这段时期被称为"失去的 10 年"或"失去的 20 年"。究竟是什么原因导致了经济放缓？人们对这个问题仍然存在着激烈的争议。解释的理由包括人口危机的加剧、对一些受高度保护的经济部门的严重低效的容忍，以及大规模的资产泡沫和未能让日本银行对其后果负责。但许多日本观察家认为，这也反映了日本公司治理体系的失败，正是这些特点使日本公司在 20 世纪 60、70 和

---

[1] 交叉持股被理解为渴望发展公司之间长期业务关系的一种表现。直到 1990 年，人寿保险公司一直是日本最重要的股东集团之一。日本银行还持有其债务人的大量股权。

80年代如此成功地专注于长期发展，如今却成为主要的负担。日本经理人仍然牢牢地控制着大多数日本公司，因此，日本公司在退出表现不佳的业务和探索新机会方面相对缓慢。

给予管理者对公司的重大控制权是一个高变数的赌注。如果他们有能力且值得信赖，就会给他们带来无与伦比的自由，使他们能够做出建立伟大公司所需的那些艰难决定。如果他们深深扎根于一个能对其有效问责的机构网络中，就像美国在20世纪五六十年代那样，德国和荷兰等国家也经常如此，那么以利益相关方为中心的治理体系就会非常有效。但是，如果这些制度发生根本性的变化，那些已经学会不惧怕投资者的经理人可能会成为根深蒂固的变革反对者。

这不仅仅是日本的问题。在过去的15年里，许多成功的硅谷公司上市时都采用了双重股权结构，让创始人全权控制公司。例如，脸书上市时发行了两类股票。A类股面向普通投资者，每股一票。但创始人——主要是马克·扎克伯格——获得了B类股，每股B类股都有10票。这意味着，无论脸书表现多么糟糕，实际上都不可能迫使扎克伯格下台。

一般来说，这类创始人都声称，这种结构对于保护他们免受股东压力是必要的。一位观察家在评论色拉布（Snapchat）将绝大部分投票权交给创始人，并发行完全没有投票权的公开股票的决定时称，股东向公司施加压力，要求其削减开支和增加短期利润，可能会阻碍创始人领导的科技公司在创造价值的重大创新方面进行长期投资。

他提出，"伟大的创新者就是能看到凡人看不到的东西。因此，他们往往与众人的智慧不一致"。

但有时"伟大的创新者"只是曾经伟大的创始人，他们已经无路可走，而如今拒绝看到公司需要向新的方向发展。我的观点并不是说改变规则可能不是一件好事，事实上，如果我是负责人，我会要求每一家上市公司改变其治理结构，使其不再受到必须以尽可能高的价格出售公司的持续威胁。但是，简单地改变规则并不是解决短期主义问题的自动化或无代价的办法。

重塑金融大致有三条路线。第一条是改革会计制度，使公司除了财务数据外，还要定期报告重要、可复制、可审计的ESG数据。广泛采用标准化的、易于比较的、可审计的ESG指标，将使企业更容易吸引投资者支持其进行长期投资，这对于建立成功的使命导向型企业和创造共享价值至关重要。更广泛地讲，正确的ESG指标可以为讨论做正确的事情如何产生财务回报提供更丰富的语言。它们可能会延长时间范围，并帮助经理人和投资者解读"做好事"和"过得好"之间的动态关系。什么时候投资人力资本才有意义？制定领先的环境战略？净化供应链？随着这些问题的答案浮出水面，落后的企业将被迫追赶先驱者。这将是一个不同的世界。在这个世界里，投资者通常坚持要求企业投资于节能。在这个世界里，许多员工通常会得到更好的薪酬和待遇。第二条是依靠影响力投资者、自己的员工或客户提供资金。这个解决方案具有许多优势，但要将其推广开来，可能会有一定的难度。第三条是改变企业的管理规则，使管理者免受投资者的压力。这在直觉上很有吸引力，但必须谨慎管理。此外，还有一个潜在的重大问题是，目前世界上绝大多数现有的投资者几乎肯定会竭力反对这个想法。

重塑金融将带来巨大的变化，并有可能支持成千上万的公司尝试大规模地解决大问题。这类投资能否在大局上有所作为？当然，这视情况而定，但有几种途径可以让单个企业的行动对大问题产生重大影响。非常大的公司仅仅通过自己的行动就能产生可观的效果。沃尔玛与近3000家供应商合作，而这些供应商又与成千上万的供应商合作。耐克和联合利华也同样能触及数千家供应商和数百万消费者。在某种程度上，只要他们坚持改善员工待遇和环境，就会影响数百万人。但是，即使是小得多的公司也能改变人们的生活。

追求共同价值还可以通过对其他公司的影响产生重大效应。有时，只需证明某项投资具有商业价值，就能说服行业中的所有人采取同样的做法。当立顿证明以可持续种植的茶叶成本只增加5%的成本，而且消费者对这一问题的关心程度足以增加立顿的份额时，该公司的所有主要竞争对手也都会拥抱可持续发展。沃尔玛在节约能源和减少浪费方面的大量投资，让许多其他公司相信这些投资有可能产生丰厚的回报。

成功的使命导向型企业也能塑造消费者的行为。例如，20年前，大多数消费者认为"可持续发展"意味着"妥协"——可持续发展产品天生就更昂贵或质量更低。随着越来越多的高品质产品骄傲地进入市场，炫耀其可持续发展证书，这种观念已经稳步转变。这反过来又说服了越来越多的消费者,让他们认为创造出美妙的可持续产品是可能的,并在他们购买的更多产品中要求这一点。领先的企业也可以塑造文化对话。正如耐克的案例所示,多年来,没有人要求个别企业对其供应商的行为负责。一旦这种情况发生改变,要求提高标准的压力就会大大增加,现在几乎每家大公司都至少在口头上对其供应链的状况给予关注。

个别公司也可以推动前沿技术的发展。这一点在可再生能源领域最为明显,每一个进入该行业的企业都有助于推动成本下降。例如,在2015年至2018年,特斯拉安装了一千兆瓦时的储能技术(作为比较,2018年全世界安装的储能技术仅比它略多一点儿)。自2010年以来,特斯拉的工作已经帮助电池储能的价格至少下降了73%。杰恩灌溉和约翰迪尔等公司推出的新农业技术正在迅速成为行业标准,使许多农民能够更高效地使用水和肥料,成本效益大大提高。有时,创新本身并不是技术性的。例如,太阳城(Solar City)开创了一种新的太阳能电池板融资模式,极大地扩大了需求,并使这一理念在整个行业内得到推广。

因此,企业可以帮助启动一些有可能推动大规模变革的强化进程。通过展示一种新的商业模式,在这一过程中可能会降低成本并说服消费者提出要求,他们可以推动竞争者采用同样的做法,使之在整个行业中广泛传播。这个过程在食品行业已经足够先进,甚至开始改变全球农业做法;在能源行业,它可能足够强大,在推动向无化石燃料能源的过渡中发挥重要作用;这一进程在建筑业进展顺利，根据一些报告，美国一半以上的新建筑现在是按照节能标准建造的。

但单个企业行动的这种变革途径本身具有局限性。说到底，企业如果要大规模地投入资源，就必须能够看到一条盈利之路，而这在某些行业和某些问题上要容易得多。迄今为止，大的机会似乎出现在那些环境退化对正在进行的业务或长期供应来源构成明显和现实危险的行业和地方。例如，世界上几乎所有的主要农业生产国和贸易国都至少意识到他们应该认真思考这些问题，而且许多国家正在做得更多。更有效地利用资源似乎也是另一个重要的机会。多年来，能源和水便宜到无人关注，而这种情况正在改变。如果改善员工待遇确实能提高绩效，那么解决不平等问题就会有商业理由。消费者的偏好可能会发生巨大的变化，在食品、消费品、时装等行业，或许还有运输业，变得更加可持续或许会越来越多地被视为一条潜在的盈利之路。

但这份清单仍有很多无法由公司单独解决的问题。有些问题实在太大，任何一家公司都无法围绕它们独自打造商业理由。

世界上现有的野生鱼类的存量正在迅速减少，但如果没有人阻挡，每个渔民都有强烈的动机继续捕鱼。可再生能源价格的下降意味着越来越多的新发电厂将利用太阳能或风能，但要避免全球变暖带来的最严重后果，就需要让许多现有的化石燃料发电厂退役，而如果不改变规则，这一过程就不太可能有利可图。建立一支敬业、高薪的员工队伍可以成为竞争优势的有力来源——但当竞争对手忙于追逐利润时，要给员工支付高薪并给予他们体面的待遇是很难的。许多企业希望看到当地教育质量的提高，但很少有企业能够找到理由成为唯一愿意投资实现这一目标的企业。许多公司希望看到结束腐败或提高当地体系机构的质量，但大多数公司都无法独自在这两个目标上取得进展。

水野本人也面临着这个问题的变种。他认为，避免气候变化的最坏影响非常符合其受益人的最大利益。但他在试图改变行为时，面临着几个"搭便车"的问题。第一，减少化石燃料的使用对单个公司来说可能无利可图。水野是否应该指示他的资产管理公司强迫这些公司这样做？第二，即使他有能力迫使日本企业走向环保，但要迫使世界上所有的企业做出改变似乎是不可能的。如果他只能改变日本，而全球变暖仍在继续，那么他真的为他的受益人做了正确的事情吗？

简而言之，我们面临的许多问题都是真正的公共产品问题，只有通过合作行动或政府政策来解决。这种行动可能吗？企业和投资者能否共同解决世界上的大问题？下一章将探讨这方面的情况，并试问在什么条件下，行业或地区内的合作行动可以帮助我们重塑世界商业。

06

左右为难

学会合作

> 你不能自己待在森林角落里等着别人来找你。有时候，你必须去找他们。
>
> ——A. A. 米尔恩，《小熊维尼故事和诗歌全集》

如果地球上的每家公司都设立超越利润的使命，追求共享价值战略，并得到致力于长期发展的成熟投资者的支持，这将是一个巨大的进步，但远远不足以解决气候变化和不平等等重大问题。这些问题中有太多是真正的公共产品问题，解决它们将使每个人受益，但没有一家公司有能力独自解决这些问题。例如，除非我们能达成不再毁林的一致决定，否则气候危机就无法解决。但如果你的竞争对手不停止毁林，你也可能不得不靠毁林来生存。除非我们在教育上投入更多，否则无法解决不平等问题。但是，如果你的竞争对手不培训他们的员工，你也将无力培训你的员工。这就是我们所面临的局面：一方面，人们知道持续毁林和不平等的加剧可能会造成巨大的伤害，但另一方面，每家公司对此都无力自行解决。

全行业合作，或者有时被称为行业"自我监管"，是一个潜在的解决方案。这并不是一个完全疯狂的想法。2009年，埃利诺·奥斯特罗姆被授予诺贝尔经济学奖，因其描述了地方社区为保护森林和水等公共资源所做的成功的志愿工作。她的工作表明，地方协调可以持续几代人，而且往往比政府行动更有效。

19世纪，美国经济的许多核心机构，包括纽约证券交易所、芝加哥期货交易所和新奥尔良棉花交易所，都是自愿成立的协会，旨在解决美国经济日趋成熟所带来的公共产品问题。它们努力提供贸易空间，制定规则、费率和标准，改善沟通和信息流动，为新工人提供培训，维护会员的专业性。银行联合起来建立了非营利清算所，在金融恐慌期间提供紧急贷款。铁路公司成立了行业协会，制定了跨国计时、机械部件和信号的标准。大多数国际贸易规则都是由国际商会（一个成立于1919年的志愿协会）设计和执行的。当它们发挥作用时，这些私人合作的解决方案往往比传统的管制方案更快、成本更低、更灵活。

但合作是脆弱的。有时能维持，有时却不能。在本章中，我将探讨使持续合作成为可能的因素，以及使合作失败的因素。我认为，即使合作失败了，而且它经常失败，合作的尝试也能为更稳健的解决方案奠定基础，特别是与地方政府和其他方面合作追求公共利益的时候。这是一个希望与绝望相伴，然后又重燃希望之火的故事。进退两难确实很棘手，但有时还是会有出路的。

大厦里的猩猩

2008年4月21日,星期一,联合利华的首席可持续发展官加文·尼斯(Gavin Neath)来到公司,期待着充实的一天。他惊讶地发现,8个装扮成猩猩的人,爬上联合利华伦敦总部入口处上方7米高的阳台,并展开了一条写着"多芬,停止破坏我的热带雨林"的巨大横幅。媒体已经来了,并向每一个他们能找到的人询问联合利华接下来的计划。作为现场最资深的经理,尼斯可以预见这将是困难的一天。

穿着猩猩装的人来自绿色和平组织,他们抗议联合利华使用棕榈油。绿色和平组织宣称,联合利华对雨林的破坏和生活在其中的红毛猩猩的濒临灭绝负有责任。棕榈油价格便宜且用途广泛,是地球上消费最广泛的油品。从肥皂、洗发水、唇膏到冰淇淋、面包和巧克力,约有一半的包装产品都含有棕榈油。从1990年到2015年,棕榈油的需求量增加了5倍,预计到2050年将再增加3倍。联合利华的大部分产品都含有棕榈油,是全球较大买家之一。

棕榈油不受控地生产是一场环境灾难。为了开垦土地种植棕榈,种植者放火烧毁原始森林和湿地,将巨量的碳释放到大气层中。2015

年，印度尼西亚是全球第四大二氧化碳排放国。毁林的过程还污染了当地的水源，降低了空气质量，并威胁到世界上生物多样性最丰富的生态系统之一。苏门答腊猩猩已经被逼到了灭绝的边缘。用一位记者的话说："地球上有一大片土地正在燃烧。它看起来就像你想象中的地狱。空气已经变成了土黄色——一些城市的能见度已降至30米。孩子们正准备乘坐军舰撤离，已经有些孩子因窒息而死。物种正在以难以估量的速度消亡。这几乎可以肯定是21世纪迄今为止最大的环境灾难。"

绿色和平组织的活动人士用铁链将自己锁在联合利华的大楼上，他们的目标是"多芬"，因为它是联合利华最大、最引人注目的个人护理品牌之一，当时该品牌正处于爆炸性增长期。让这些活动人士尤其愤怒的是，联合利华在4年前成立的"可持续棕榈油圆桌会议"中扮演了重要角色。该会议由非政府组织和棕榈采购公司组成的团体，致力于以更可持续的方式种植棕榈，但目前还未出现"一滴"可持续棕榈油。他们指责公司在大肆"漂绿"[1]。

绿色和平组织的行动及相关视频在社交媒体上疯传，浏览量超过200万次，迫使联合利华做出回应。一个月内，联合利华当时的首席执行官帕特里克·塞斯科公开承诺，到2020年，联合利华将只

---

[1] "漂绿"（greenwashing）是用来说明一家公司、政府或是组织以某些行为或行动宣示自身对环境保护的付出，但实际上却是反其道而行，即企业为了自身利益而进行的虚假环保行为。——编者注

使用可持续棕榈油。

这一声明让绿色和平组织不再盯着联合利华，至少在一段时间内是这样，但同时也造成了其自身的问题。联合利华最重要的大宗商品之一可能增加高达17%的成本，公司内部没有人知道如何能够承担这么高的成本，特别是当消费者本来就不喜欢被提醒他们的口红（或食品）中含有棕榈油时。

意想不到的救星出现了。2009年1月，保罗·波尔曼接替塞斯科担任首席执行官，他是联合利华123年的历史上第一个被选中担任最高职位的外来者。保罗是荷兰人，这对一家在英国和荷兰联合上市的公司来说是个加分项，但他职业生涯的前26年是在联合利华主要的竞争对手之一——宝洁公司工作。3年前，保罗离开宝洁公司，在联合利华的另一个主要竞争对手雀巢公司担任首席财务官，但在2007年错过了该公司的首席执行官职位。在联合利华被普遍认为落后的时候，他带着需要证明的东西来到了联合利华。

直到21世纪初，联合利华的规模都与宝洁和雀巢大致相当。但在保罗上任前的5年里，宝洁和雀巢增长迅速，而联合利华的销售却停滞不前。到了2008年，联合利华的股价还不到竞争对手的一半。这在一定程度上反映了宝洁和雀巢活跃于联合利华没有涉足的一些高利润业务（尤其是尿布和宠物食品），同时也反映了联合利华被一些臭名昭著的低利润产品（尤其是人造黄油）所拖累。但投资者也认为，联合利华的组织结构没有宝洁和雀巢那样的专注和动力。

一位观察家将联合利华描述为"（消费品）行业的'篮中恶魔'[1]"。

媒体猜测，联合利华的董事会选择保罗作为下一任首席执行官，正是因为他是一个局外人——一个在实现利润业绩方面有光辉履历的局外人。前同事们认为，他"坚韧且善于分析""风格强硬、毫不妥协"。

但事实证明，保罗是一个比他最初看起来更为复杂的人。第一个迹象出现在他担任联合利华首席执行官的第一天。他宣布，联合利华将停止提供盈利指导的做法，并在接受《华尔街日报》采访时表示："我很久之前就发现，如果我长期专注于做正确的事情，改善全世界消费者和客户的生活，商业业绩自然会出现。"联合利华的股价在一天之内下跌了6%，使其市值减少了近20亿欧元（约合22亿美元），但保罗坚持自己的观点。后来他开玩笑说，他之所以冒险那么做，是因为"他们不能在我上任第一天就解雇我"。当尼斯向他提出可持续棕榈油的问题时，他立即回答道："我们必须做，而且我们不能独自做——我们得让这个问题社会化。"

这是行业自我监管的核心前提。如果一个行业的所有公司都需要做某件事，或阻止某件事，但无法通过单独行动来解决问题，那么商定共同行动就有可能够解决问题。以棕榈油为例，世界上每一家大型消费品公司——许多公司拥有价值数千亿美元的品牌，都有可能被非政府组织指责为破坏雨林。例如，百事可乐是世界上较大

---

1 《篮中恶魔》（*Basket Case*）是1982年的一部美国恐怖电影。——译者注

的棕榈油买家之一。M&M's 巧克力豆的生产商玛氏也是。如果有一场持续的运动，将他们的产品与猩猩从燃烧的森林中逃出时被砍死的照片联系起来，这将是两家公司都无法承受的。

如果有任何一家公司独自选择使用可持续棕榈油，那它不仅面临着采购可持续油品的艰巨挑战，而且还可能使自己处于非常大的成本劣势。但是，如果能说服一个行业的所有公司一起行动，购买可持续油品就会成为"竞争前"的事情，或者说是所有公司为了减少品牌受损风险而承担的经营成本的最低赌注。如果行业中的每家公司都同意购买可持续棕榈油，那么每家的成本都会增加，但每家的品牌都会得到保护，没有人会使自己处于竞争劣势。

当然，这类自愿合作协议本身就很脆弱。[1]个别企业可能承诺做正确的事情，但却没有落实，让违约者拥有短期的成本优势，而那些选择合作的企业则觉得自己是（愤怒的）可怜虫。当我向一位研究自我监管的历史学家建议，全行业合作可能会在解决世界性的重大问题中发挥核心作用时，他笑了起来。他的观点是，实业家进行自我监管，往往仅仅是为了分散政府管制的威胁，并使小公司和潜在的进入者处于不利地位，而不是为了进行根本性的变革，而且一般来说，除非在政府管制的阴影下，自我监管很少起效。

但绝望的时刻需要孤注一掷的措施。在许多地方，监管很少得

---

1 这还可能引发反垄断问题。大多数司法管辖区都允许出于公共利益的某种形式的合作，但是所有行业的自我监管尝试都非常注意确保它们不违反法律。

到执行，虽然我们的许多问题是全球性的，但有效的全球监管机构却寥寥无几。此外，在某些时间和地点，行业合作被证明是相当成功的。例如，对芝加哥的第一次清理尝试。

以史为鉴：白城的黑烟

19世纪的大工业城市污染极为严重，清理城市的愿望引发了一些最早的行业自我监管尝试。这些尝试有时有效，有时无效。例如，当芝加哥的商业精英们开始清理城市时，他们最初取得了相当大的成功。

1890年2月24日，美国国会选定芝加哥作为大型"世界博览会"的主办城市，该博览会后来被称为世界哥伦布博览会。纽约的首富们曾承诺，如果国会授予纽约市博览会举办权，他们将资助1500万美元（约合现在4亿美元）。马歇尔·菲尔德、菲利普·阿穆尔、古斯塔夫斯·斯威夫特和赛勒斯·麦科米克等芝加哥的精英们，不仅匹配了这一出价，而且在24小时内又筹集了几百万美元，击败了纽约的竞标。

组织者希望博览会能给这座城市带来国际声誉，因此制订了在杰克逊公园（位于芝加哥市郊7英里处的沼泽地）精心设计一座

"白城"的计划，并聘请美国最著名的建筑师设计了一套新古典主义风格的建筑，这些建筑将用熟石膏覆盖并涂成亮白色。

随着博览会日期的临近，许多最热心的支持者开始担心这些崭新的建筑会蒙上一层厚厚的油烟。就像当时所有的工业城市一样，芝加哥的污染程度令人震惊。用一位历史学家的话来说：

> 100年后的今天，很难想象19世纪90年代初污染城市的烟雾是多么污浊和浓黑……冒烟最严重的建筑物从其烟囱里排出浓黑而油腻的烟尘，让见者想起火山爆发的情景。有些黑烟如此浓重，几乎无法飘浮在空中。它经常落在地上，在城市街道上形成一层几乎坚实的烟尘、蒸汽和灰烬。

商人们抱怨说，他们不得不穿上彩色衬衫和深色西装来掩盖烟尘。商店和工厂即使是在炎热的夏季也不得不紧闭门窗，以防止烟尘损坏货物。1892年，芝加哥主要的纺织品商之一J. V. 法威尔估计，他每年更换被烟尘损坏的货物要花1.7万美元（约合现在43万美元）。后来的一项估计表明，烟雾每年给芝加哥带来的损失超过1500万美元（约合现在4.05亿美元）。当然，这两项估计都不包括烟雾对人类健康造成的巨大损失。

芝加哥于1881年通过了美国第一个反烟尘法令，但它很少被执行。该市的卫生局人手严重不足，只有少数卫生检查员负责查处违法行为，而总检察长办公室几乎没有能力去提起诉讼。就算能够起诉，污染者往往会（成功地）向当地政客施压，说服当地法官驳回指控。

为此，在1892年1月，也就是芝加哥获得博览会举办权两年后，一群知名的芝加哥商人成立了"防烟协会"，致力于在定于1893年5月举行的博览会开幕前"消除烟害"。在该协会的创始人中，除一人外，其他都是博览会的董事，其中许多人都是资助博览会的股票和市政债券的重要投资者。

该团体首先劝告芝加哥的企业清理烟尘以展示"公共精神"。由于防烟尘设备安装和操作起来可能比较困难，该协会自费聘请了5名工程师，公开演示这项技术，并向污染者提供直接帮助。到了7月，工程师们已经向全市各地的企业发出了400多份详细的报告，就如何控制污染提出了具体建议。在收到报告的企业中，约有40%的企业落实了建议，"实际上解决了他们烟尘扰民的问题"；另有20%的企业遵循了建议，但无法停止污染；还有40%的企业拒绝尝试。

该协会接下来诉诸法律。在市政的全力配合下，它自费聘请了律师鲁道夫·马茨，如果业主拒绝尝试遵循协会工程师的建议，就将其告上法庭。马茨非常积极，提起了325起诉讼。在略超过一半的案件中，业主同意尝试减少烟尘，指控被驳回。在155起案件中，业主支付了50美元的罚款，而不同意停止污染。在这种情况下，马茨往往会再次起诉。例如，一位拖船船主估计，他已经支付了700多美元的罚款，因为他拒绝改用无烟运行所需的那种昂贵得多的煤。

到1892年12月下旬，芝加哥市区的大部分烟尘都得到了控制。有300到325个问题得到了缓解，机车的烟尘减少了75%，90%到95%的拖船船主完成了必要的更换。

然而，在那年春天，1893年的恐慌袭击了这座城市，引发了持续数年的深度萧条。全美四分之一的铁路公司破产，在一些城市，产业工人的失业率达到20%到25%。防烟协会开始要求进行陪审团审判，在几起备受瞩目的案件中，陪审团拒绝定罪，尽管原告显然没有做出任何减少排放的尝试。我们无法从公开的记录中判断具体的原因，但有一种可能是，该协会的成员越来越被视为企图控制市政府以达到自己目的的"阔佬"。该协会认为，如果没有公众的支持，他们的目标是没有希望的，因此在1893年正式解散。

但博览会最终取得了巨大的成功，参观人数超过75万，创造了户外活动参与人数的世界纪录。博览会闪亮的白色建筑与芝加哥市中心的脏乱差之间的对比，被认为是19世纪最后10年出现的民间改善运动的开端——灵感来自城市可以像"白城"一样干净健康这一想法。但芝加哥直到20世纪60年代才有效解决了空气污染问题。

在全球范围内建立合作

到目前为止还算不错。白城的案例令人鼓舞，但它所描述的是一个相对较小的、紧密联系的社区内的尝试，人们有非常强有力的理由去合作。在像棕榈油这样一个更加全球化、更加分散的情况下，合作能否持续？这个问题的答案很复杂。5年前，我和许多业内人士都认为，棕榈油是为实现公共利益而成功合作的典范之一。到了今天，很明显，这个判断为时过早。

联合利华成功地将其问题社会化——绝大多数竞争对手都同意改用可持续发展的油品。联合利华的目标是到2019年100%使用可持续发展的油品，比其承诺的还提前了一年。但棕榈油种植仍然是毁林的主要原因。很明显，解决这一问题的唯一途径是与投资者、当地社区和地方政府合作。该行业的自我监管增加了这些合作成功的可能性，但形势仍然很不稳定。

在本章中，我将首先描述这些动态是如何变化的，因为它们是深入了解那些制约当下许多全球行动的机会和威胁的有力来源。之后，我转而讨论牛肉和大豆倡议的成功，指出它们能够与当地监管机构合作的能力是其成功的关键。目前有数百项全球自我监管行动正在进行中，试图解决海洋污染、过度捕捞、腐败和几乎所有行业的虐待性劳动条件等各种问题。如果我们要重塑商业，那么对其成功的可能决定因素有更深入的理解是至关重要的。

保罗开始将他的棕榈油问题社会化。他联系了消费品论坛（CGF）的成员。这个论坛是全球大型行业协会之一，目前包括来自70个国家的400多家消费品制造商和零售商，这些企业创造了超过3.87万亿美元（约合3.5万亿欧元）的收入，雇佣了近千万人。

2010年年初，在与其他首席执行官举行的一系列小组会议上，保罗开始倡导将停止毁林作为论坛的一个关键问题。绿色和平组织对雀巢公司发起的攻击给了他极大的帮助。2010年3月，绿色和平组织发布了一则恶搞广告，广告中一个无聊的上班族咬了一口奇巧巧克力，却发现自己吃的是红毛猩猩的一根血淋淋的手指。媒体随之而来的强烈关注不仅刺激了雀巢公司，也刺激了许多其他消费品公司。斯科特·波因顿是雀巢为解决该问题所雇用的一个非政府组织的负责人。他还记得到达雀巢公司总部时，接待人员哀怨地说："我们不想杀死红毛猩猩，我们不是这种人。"

加文和保罗把这个小组介绍给了世界自然基金会的贾森·克莱。克莱认为，通往可持续性发展的道路在于少数大公司在竞争前进行的合作。他指出，在世界上所有交易量最大的商品中，100家公司购买了全球至少25%的产量。他建议，如果这些公司要求他们购买的商品以可持续的方式种植，整个行业就会被迫朝着更可持续的方向发展，而说服100家公司采取行动，比说服世界上25%的消费者这样做要容易得多。

加文记得有一次会议，是在联合利华总部举行的一次小型聚会。雀巢、乐购、宝洁、沃尔玛、可口可乐和百事可乐等15家全球最大消费品公司的首席执行官齐聚一堂，他认为这是"一个神奇的时刻"。当时全球第三大零售商乐购的首席执行官特里·莱希建议"从碳的视角"关注可持续发展，得到了热烈的赞同。在场的几位首席执行官把说服同行解决毁林问题作为个人使命。

在随后的几个月里，该小组努力争取论坛的其他成员加入。我被告知，这是一个极其艰难的过程，而对反垄断的担忧意味着每次会议的记录和撰写的所有文件都要经过反垄断律师的审查。尽管如此，负责围绕莱希的想法提出具体建议的指导小组最终达成了协议。在一次论坛会议上，保罗与乐购、可口可乐和沃尔玛的首席执行官们给予这个提案全力支持，并热情地呼吁在场的其他首席执行官加入他们的行列。2010年11月，在联合国第16届气候大会上，可口可乐的首席执行官穆赫塔尔·肯特宣布，论坛成员承诺到2020年，对全球毁林负有最大责任的大豆、纸和纸板、牛肉和棕榈油这四种商品实现零净毁林。保罗和他的同事们成功地说服了几乎所有主要的西方消费品公司和几乎所有的主要零售商，承诺只购买和销售可持续棕榈油，即在严格监管的劳动条件下种植的无毁林的棕榈油。

但这只是第一步。只有当协议各方都认为合作符合他们的集体利益时，自我监管才会稳定。然而，虽然这是一个必要条件，但它并不充分。要使合作能够持久，还必须使参与者不能轻易"搭便车"。例如，承诺使用可持续的油品，但实际上并没有这样做，而要监督这一情况，该组织必须有能力知道一家公司何时作弊，并有能力在这些公司被发现时对其进行制裁或惩罚。

保罗和他的同事们没有把注意力集中在消费品公司本身，而是开始尝试创造一个可靠的可持续供应。他们认为，这样一来，观察公司是否从中购买就相对容易了。作为第一步，他们首先关注的是处理绝大部分棕榈油国际贸易的三家公司：金光农业资源（Golden Agri-Resources，GAR，以下简称"金光"），除贸易业务外，它还是印度尼西亚最大的棕榈种植商；丰益国际（Wilmar），这家农业巨头总部设在新加坡，市值约300亿美元，经手的棕榈油几乎占全球交易总量的一半；美国私营公司嘉吉（Cargill），它是世界上最大的农业商品贸易商，收入超过1000亿美元。他们相信，如果他们能说服这三家公司承诺零毁林，将共同推动大多数棕榈油供应商实现可持续发展，并定期使用可持续认证。

金光于1997年采取了零焚烧政策，但仍然在没有许可证的情况下清除森林，焚烧和扰动深层泥炭地区，从而释放出大量的碳。2009年年底，尽管对这一决定的商业影响有很大的担忧，但联合利华还是宣布，除非金光改变其做法，否则将不再从该公司采购。此举在棕榈油行业引起了震动，在印度尼西亚引发了骚乱和示威。但在2010年，雀巢加入联合利华的行列，一起向该公司施压，卡夫和宝洁也迅速跟进。金光联系了绿色和平组织，开启了持续一年的紧张谈判（一位观察家形容当时的气氛"比阿拉伯人和以色列人之间的气氛还要糟糕")。2011年2月,金光承诺不清除高保护价值(HCV)的森林和泥炭地,并且避免清除储存大量碳的森林区域。这四家公司随后恢复了与该公司的业务往来。当被问及金光为何成为印度尼西亚首家宣布森林保护政策的棕榈油公司时,金光的首席可持续发展官阿古斯·普尔诺莫表示:

> 因为我们的主要市场,即优质买家都要求我们这么做。是因为我们想上天堂吗?不,当然每个人都想上天堂,但我们这样做是因为我们的买家要求我们这样做。每个公司都需要这样做,以(完全)满足客户的要求。

与此同时,消费品论坛的成员开始接触丰益和嘉吉,试图说服他们改变其采购政策,以配合多年来一直针对丰益的一些非政府组织的行动。巧的是,2013年6月,因印度尼西亚非法野火燃烧造成的厚厚烟尘和雾霾,笼罩了丰益的家乡新加坡。污浊的空气在这个城市国家创下了空气污染纪录,汽车被厚厚的灰烬覆盖,人们被迫待在室内。新闻界的关注促使丰益的首席执行官郭孔丰直接与保罗及森林英雄(Forest Heroes)和森林信托(Forest Trust,后改名蚯蚓基金会)这两个在棕榈油领域领先的非政府组织进行了沟通。"他谈了很多,说他对雾霾有多么不安,"一位活动家回忆说,"他只需要得到一个商业理由来开始做。"2013年12月,丰益签署了一项"不毁林、不使用泥炭地、不剥削"的全面协议。2014年7月,第三大棕榈油贸易商嘉吉公司发布了一项新政策，承诺致力于不毁林、对社会负责的棕榈油。

下一个障碍是将这些承诺转化为实际行动。争论的第一个问题是，如何准确界定什么是"可持续"棕榈油。例如，人们相对容易同意，在前一年还是高保护价值森林的土地上种植所获得的棕榈油是不可持续的。但什么是高保护价值的森林，谁来定义它？如果这片土地上是次生林，是否还算毁林？种植园具有什么样的劳动条件才算可持续发展？

一个选择是使用可持续棕榈油圆桌倡议会议（RSPO）制定的标准，RSPO是一个多个利益相关方组建的合作关系，成立于2004年，旨在制定可持续油棕种植的标准。"一开始非常非常艰难，"圆桌会议的首席执行官达雷尔·韦伯解释说：

> 来自供应链的7个利益相关方团体聚集在一起，其中包括一些环保和社会非政府组织，基本上没有谁信任谁。当时有很多激烈的辩论，很多争论。我们花了一年多的时间才起草了第一个标准，经历了许多次险情、罢工威胁和不满。但最终，信任建立起来了。随着时间的推移，人们开始更好地理解其他各方的观点。

2005年，RSPO发布了第一份全球可持续棕榈油生产准则。该准则规定了8项原则和43项"实际标准"，计划每5年修订一次，并针对每个国家进行调整。对支付审计费用的种植商每5年进行一次认证评估,如果获得认证,则每年进行监测。所有获得RSPO认证的油棕产品所有权的组织都必须通过供应链认证,然后才可以使用RSPO商标。认证完全是自愿性的,但如果发生违规行为,它可以随时被撤销。

但批评者称,RSPO的标准相对薄弱,而且对新的事态发展反应缓慢。2015年,一份全面的报告总结了一系列监督方面的失误,包括掩盖违反RSPO标准的欺诈性评估、未能确定原住民的土地权要求、虐待劳工及由于认证机构和种植园公司之间存在联系而导致的利益冲突。作为回应,一些个体种植商,通常在西方买家的压力下同意采用更严格的标准。西方买家也继续向RSPO施加压力,要求其收紧标准。行业参与者将这一过程描述为试图不断提高底线——RSPO标准规定的最低要求,同时基于现有最佳知识不断提高上限——可持续性的定义。

第三方认证可持续棕榈油已经奠定了基础,这让人们比较容易判断大型消费品公司是否履行了承诺,而且这一领域的技术也在不断改进。审计任意一家公司的供应链的能力有了长足的进步,可以追踪加工油品的工厂,并监控生产它的种植园。例如,丰益公司定期部署无人机,以帮助确保其种植园确实得到了可持续的管理。考虑到改用可持续油品的经济理由,以及许多非政府组织对那些没有做正确事情的公司的谴责,包括我和杰夫·西布莱特(他接替了加文·尼斯担任联合利华首席可持续发展官)在内的许多人,都相信消费品论坛的行动将大大减缓与棕榈油相关的毁林行为。

但在2001年至2012年，棕榈油最大生产国印度尼西亚的毁林速度上涨了1倍多；在2012年至2015年仅略有下降；2016年则大幅上升。2018年再次下降，但印度尼西亚每年仍在失去数百平方英里的森林覆盖。在2010年至2018年，该国损失了近5000平方英里的森林，相当于4.8亿吨的二氧化碳排放量，其中27%来自原始雨林。自2015年以来，世界上可持续种植的棕榈油份额一直没有变化，如今很明显，消费品论坛的许多成员将无法实现其2020年的承诺。全行业的合作使许多西方公司履行了使用可持续油品的承诺——但这并没有解决根本问题。

造成这一结果的因素似乎有很多。首先是没有预料到，虽然对于西方大买家和大型棕榈油供应商来说，有较强的商业理由来改用可持续油品，但要说服种植近40%棕榈油作物、要对所发生的大部分毁林和焚烧负责的小农户停止毁林，则是另一个挑战。开垦两公顷雨林种植棕榈就可以确保一个家庭的未来，提供足够的收入供孩子上大学。此外，那些旨在支持小农户变得更加可持续发展的计划也成败参半。

小农户每公顷的产量通常不到2吨，而采用最佳做法的种植园的产量则达到6至7吨，因此提高小农户的效率或许是解决问题的办法之一。但提高小农的生产力十分困难，因为它需要向数十万小农教授新的种植和采收做法，而这些地区缺乏对茶叶生产转型有很大帮助的中间合作结构。此外，还必须首先为小农户提供高质量的种子和设备，然后在油棕榈生长的头几年获得非生产性资助。嘉吉公司认为提高小农户的生产力是"唯一的出路"，并声称他们的初步行动已被证明是相当成功的。金光公司则不那么乐观，它曾在加里曼丹地区（婆罗洲岛的印度尼西亚部分）试点了一个资助和教育小农户的项目。在试点期间，一些小农户未能以可持续方式耕作，而另一些小农户则将其收成卖给了出价高于金光的独立工厂。

法律和政治环境是另一个重大挑战。世界上 90% 以上的棕榈油产自印度尼西亚和马来西亚，是这两个国家重要的经济支柱。例如，2014 年，农业占印度尼西亚国内生产总值的 13% 以上，就业人口占总人口的 34% 以上，为约 300 万人提供了三分之二的农村家庭收入。棕榈油是印度尼西亚的第二大农产品，也是其最有经济价值的农业出口产品。在马来西亚，农业占全国 GDP 的 7.7%。印度尼西亚和马来西亚的许多政治家都认为，当地经济发展与可持续发展之间存在直接冲突。

更糟糕的是，印度尼西亚法律要求，土地特许权持有人开发所分配给他们的所有土地，而不考虑公司政策如何，并且印度尼西亚不同的部委使用不同的地图。负责这项工作的部长昆托罗·曼库苏洛托解释说：

> 每个重要的部委都有自己的印度尼西亚地图。印度尼西亚是一个很大的国家，这些部委都有自己的使命，所以他们有自己版本的地图可能是有道理的。但当涉及国家发

展时，我们需要同一张地图。这张地图需要做出一个能被公众、政客和政府接受的结论，比如说，森林覆盖率是多少，这个岛有多少万公顷，森林的边界在哪里。

使用统一的官方地图有助于减少重叠许可证的发放，这是导致公司和原住民之间发生纠纷的主要原因。2010年，印度尼西亚政府宣布了一项"一张地图"倡议，旨在将印度尼西亚的空间数据汇集到单一的数据库中，但该项目（由世界银行提供部分资金）仍在进行中。

另一个主要问题是，砍伐印度尼西亚的森林可以赚到的钱太多了。全球交易的棕榈油中，卖给印度等国家的公司的份额越来越高，而他们中很少有公司对购买可持续油品有兴趣。此外，尽管一些印度尼西亚政府机构致力于减少毁林，但棕榈油行业是地方和国家政客的重要赞助来源。对土地使用和分配负有部分责任的森林部是出了名的腐败，而即将退休的公务员往往会买下一两家棕榈油厂来"养老"。"互惠"网是印度尼西亚特有的，往往依靠毁林和非法伐木的收入为政治提供便利。消费者论坛如何解决这类问题不得而知。一位经验丰富的非政府组织领导人这样跟我说："假设你从空中侦测到了非法采伐。你打电话给当地的工厂，然后要求他们做什么？开车进入森林，与守卫现场的武装人员对峙，并告诉他们，6年后工厂将拒绝购买这块土地上生产的棕榈油？我来告诉你，当遇到非法伐木者时应该怎么做——微笑，祝他们平安，然后继续做自己的事。"

在印度尼西亚，70%以上的伐木都是非法的。如果有一个重要的生产者群体认为变得更加可持续没有任何好处，如果他们有乐于向他们购买的客户，如果政府不愿意执行自己的法律，要阻挡森林砍伐将是非常困难的。

这是否意味着棕榈油行业的自我监管已经失败？迄今为止，这项工作未能阻止毁林。但是，如果能够找到一种方法，让政府或投资者参与进来，就会大大增加未来阻止毁林的可能性。该联盟需要找到一种方法来增加每个人的合作动机。例如，让种植可持续棕榈油在经济上对小农户具有吸引力，说服印度等国家的消费者推动当地公司使用可持续油品，或者说服当地政府执行禁止毁林的法律。

采取行动的商业理由仍然很充分，多年的工作已经产生了关于如何在实地解决问题的深刻认识。但需要有人能够加强合作。为减少亚马孙地区与大豆和牛肉生产相关的毁林而进行的长达10年的斗争表明，秘诀是与公共部门合作。

大豆的故事的开头听上去很耳熟。2006年，绿色和平组织发表了一份名为《吃掉亚马孙》的报告，声称几家世界上最大的商品贸易公司——艾地盟（ADM）、邦吉（Bunge）和嘉吉通过资助大豆生产，加剧了对亚马孙雨林的破坏。绿色和平组织在麦当劳（95%的大豆被用作动物饲料）外安排了一群身穿2米高的鸡玩偶服的抗议者，指责购买巴西大豆的西方公司帮助摧毁了世界上仅存的大雨林之一，使地球变得更加糟糕。

绿色和平组织于4月6日发布了报告（并放出了鸡），要求整个食品行业将亚马孙地区生产的大豆排除在供应链之外。在3个月后的7月25日，一个不仅包括艾地盟、邦吉和嘉吉，还包括麦当劳和控制巴西92%的大豆产量的两个巴西行业协会的团体，宣布了一项《大豆暂停协议》——不购买2006年7月后在巴西亚马孙地区被毁林的土地上种植的大豆。

由大豆工作组（Soya Working Group）负责对暂停令进行监测，该小组由大豆贸易商、生产商、非政府组织、采购商和巴西政府组成。大豆工作组使用由行业、几个非政府组织和政府联合开发的卫星/机载监测系统，对76个城市进行监测，这些城市的大豆产量占亚马孙地区的98%。违反暂停协议的农户被禁止向暂停协议的签署方销售大豆，并且可能很难获得融资。该协议每两年更新一次。2016年，暂停协议被无限期延长，或者直到不再需要为止。在协议签署后的10年间，巴西亚马孙地区的大豆产量几乎翻了一番，但新产量中只有不到1%是来自新毁林的土地。每英亩的大豆产量也显著增加。

2009年，绿色和平组织发布了一份名为《屠杀亚马孙》的报告，报告中指责牛肉畜牧业在亚马孙地区砍伐成熟林。全球近60%的农业用地用于牛肉生产，而肉牛养殖导致了亚马孙地区80%的森林砍伐。巴西帕拉州的联邦检察官开始起诉非法开垦林地的牧场主，并威胁要起诉向他们进货的零售商。作为回应，阿迪达斯、耐克、添柏岚和其他一些使用巴西皮革的鞋业公司宣布，除非能保证他们使用的皮革与破坏亚马孙的行为无关，否则将取消合同。巴西超级市场协会呼吁，他们出售的牛肉不涉及毁林。

巴西四大肉类加工商的股价因此大幅下跌。他们共同签署了所谓的《肉牛协议》，禁止购买来自亚马孙地区新毁林地区的肉牛。持续的客户压力，包括消费品论坛成员在2010年承诺只购买零毁林的牛肉，帮助维持了禁令的实施。

在这方面，巴西政府的积极支持特别有帮助。巴西亚马孙河的大部分地区受到《森林法》的正式保护，该法要求土地所有者将其80%的土地永久保持为森林。该法于1965年通过，但直到2010年才得到执行，大豆和牛肉的暂停令及每天跟踪森林砍伐的先进技术的发展，为该法注入新的活力。《肉牛协议》取得了显著的成功。2013年，96%的屠宰场交易都是与在巴西农村环境登记处注册的供应商进行的，而在协议签订前，这一比例仅为2%。这两项协议大大减缓了亚马孙地区的毁林速度，而与此同时，世界上其他地方的毁林率几乎都在大幅提高。

在这两个案例中，政府的支持对取得进展至关重要。在雅伊尔·博索纳罗当选总统后，亚马孙地区的毁林速度急剧加快，以及随后他对其前任政策的否定都非常清楚地表明了这一点。但同样在这两个案例中，政府的支持都是由私营部门的行动所推动和促成的。行业的承诺为政府提供了执行法律的政治掩护，并提供了关键的技术知识和持续的支持。

我觉得，这一经验将被证明是未来自我监管努力的典范。全行业的合作将建立对可持续生产产品的需求。领先的公司将投资，以实现转变所必需的技术专长和运营成熟度。但最终，政府的支持将是取得进展的关键。

例如，一项研究分析了服装和电子行业的私营部门监管的有效性。它取材于5年的研究、700多次访谈、对120家工厂的访问及大量的定量数据。作者认为，虽然有很多事情可以做，但私营部门的合规计划不太可能解决全球供应链中的所有劳工问题。用他的话说：

> 经过全球品牌和劳工权利非政府组织十多年的共同努力，私营合规计划似乎在很大程度上无法兑现其持续改善劳工标准的承诺……合规行动使工作条件得到了一些改善……（但）这些改善似乎已经达到了上限：在一些领域（如健康和安全）实现了基本改善，但在其他领域（如结社自由、过长的工作时间）却没有得到改善。此外，这些改进似乎并不稳定，因为随着时间的推移，许多工厂会在合规方面出现反复。

在棕榈油和纺织品方面，广泛且资金充足的自我监管尝试已成功取得了重大成果，但没有实现其最初的目标。在这两个案例中，为实现完全可持续的供应链，该行业已开始将地方监管机构视为合作伙伴。

就棕榈油而言，消费品论坛成员定期与广泛的利益相关方（包括印度尼西亚和马来西亚的非政府组织、当地社区和政客）举行会议，以探讨可能的前进道路。其中一种可能性是采用技术上称为"司法管辖"的方法，与当地政客、当地非政府组织和当地社区建立合作关系，试图为整个地区转用可持续棕榈油打造商业理由。类似的对话也发生在纺织行业，并在早期取得了一些有希望的成功。例如，一项对印度尼西亚服装业的研究发现，当自我监管机构与国家紧密合作，以及当地方工会被动员起来推动国家行动时，自我监管的尝试更有可能是提高工资。一项对巴西糖业的研究发现，私人审计师的工作与当地监管机构禁止极端形式外包的行动相辅相成，两者共同推动企业采用显著改善的劳动标准。

差别在哪儿

差别在哪儿？为什么有些自我监管组织成功了，有些却失败了？从核电运营研究所的历史中可以看到这个问题的其中一个答案。该研究所成立于1979年，在灾难性的三里岛核泄漏事故发生之后。这起事故震惊了公众，也吓坏了核工业。事实上，许多运营核电站的公用事业公司确信，核电行业再也经受不起一次这样的事故了。

从历史上看，核电行业一直由美国政府机构——核管理委员会负责监管。三里岛事故发生后，核管理委员会试图提高该行业的安全性，但它本质上是一个专注于技术的机构。为调查事故而成立的独立委员会认为，事故的主要原因是懈怠和沟通不畅等组织和管理问题，而不是技术问题。许多核电工人的过往经验都是使用化石燃料，并认为应该像运行化石燃料发电厂一样运行核电站，也就是尽可能满负荷工作，直到遇到问题，然后由维护人员或技术人员来解决。许多管理人员和操作人员似乎对核能的巨大破坏性缺乏认识。当个别工厂确实学到了一些关于如何更安全地运行核电站的知识时，这些信息并没有与其他公司分享。因此，美国55家运营核电站的公用事业公司成立了核电运营研究所，作为一个私人自我监管组织来填补这一空白。

该研究所的工作人员由负责核能的海军退役军人担任。海军的核项目以其零事故记录和安全第一、安全第二、安全第三的文化而闻名。海军官兵（他们都是男性）为该行业制定了操作标准和程序，并通过积极的培训和工厂访问计划来为其标准的采用提供运营支持。每年都要对每个工厂进行全面的评估。访问结束后，研究所的员工会向每个工厂展示其一系列关键绩效指标与同行的比较情况，然后提出与工厂合作，使其绩效达到普遍标准。在每年的行业会议上，该研究所会向所有与会的首席执行官展示这些研究结果，给那些评分较差的工厂进一步施加压力，以解决它们的问题。如果发现某位高管不合作，该机构也可能会威胁与公司董事会联系。

1980年至1990年间，核电站紧急停工的平均率大幅下降，该研究所被认为让美国核电工业的安全性有了数量级的提高。它至今仍在运作，并继续完全由核工业提供资金。

正如我在上文提到的那样，埃莉诺·奥斯特罗姆的开创性工作还发现了许多成功的全行业合作的案例。她最著名的一项研究考察了缅因州的龙虾产业。在20世纪20年代和30年代，缅因州的龙虾种群急剧缩小；作为回应，该州对可捕捞的龙虾的大小和数量提出了规定。然后，当地的龙虾养殖者自我组织起来执行这些限制。他们同意在能够繁殖的雌性龙虾尾巴上打一个凹槽，然后将其扔回，并建立了一个在他们之间划分渔场的制度和一个防止违规的执法机制。到20世纪末，龙虾种群恢复到了可持续的水平，现在则发展得更为兴旺。

这两个案例与芝加哥的故事一起，形象地说明了自我监管要想成功必须具备的四个条件。首先，维持合作必须符合每个人的利益，而且必须让每个参与的人都清楚地看到这一点。如果合作能带来直接的利益，而不合作的成本非常高，那么合作就会容易得多。三里岛事故发生后，核电公司如此热衷于合作的原因之一是，他们担心任何一个核电站的一个失误都可能会使整个行业破产。因此，他们有很强的动机来促成合作。龙虾产业也是如此，继续过度捕捞肯定会让所有人失业，而减少捕捞量则是一个让水产迅速恢复的可行手段。世界上近一半的渔业是可持续捕捞的，其中一个原因是历史上大多数水产一旦控制捕捞量就会比较快地反弹。这意味着渔民不需要等待很长时间就能看到自我约束的好处。

其次，在芝加哥的案例中，防烟协会几乎完全是由那些在白城的成功中拥有重大经济利益的人建立的，这点毫不意外，而拖船船主们可以说是在改变自己的行为中损失最大、收益最少，使得实现持久的合作变得如此困难。如果参与该行业的每个人都是长期投入，或者更准确地说，如果这个行业难进难出，合作也会容易得多。核电和龙虾的例子显然是这样。核电站的寿命是60年，不能移动。龙虾捕捞者已经负债购买船只和设备，如果渔业崩溃，这些资产的价值将接近零。

但这两个条件只能确保每个人都会合作，如果这样做的好处是确保作弊或"搭便车"，则不符合任何人的利益。像国际商会这样的志愿机构之所以经常成功，原因之一就是它们提供的利益是具体且直接的，作弊的诱惑非常小。当情况并非如此时，只有当人们很容易就能看出某人不尽力时，合作才能继续下去。在核电案例中，核电运行研究所的年度检查不仅让每个工厂都能跟上最新技术，还确保所有的公用事业公司都在尽力应用这些技术。龙虾的渔获量较难观察，但由于龙虾捕捞的规模不大，因此相对容易发现有人作弊。

最后一个条件是，惩罚那些不遵守规则的联盟成员必须相对容易。核电公司的人在这方面变得非常擅长。在一个著名的事件中，该研究所给费城电力公司桃底核电站的董事会写了一封信，强调该厂多年来业绩不佳。董事会辞退了该厂包括首席执行官在内的所有高管，并迅速采取行动解决问题。在另一起事件中，在与管理层私下合作多年以修复加州兰乔塞科核反应堆后，该研究所向政府的核监管机构通报了该反应堆的诸多安全违规行为。监管机构随即对该核电站进行了检查，并随后下令将其关闭。在龙虾捕捞的案例中，偷捕者如果将龙虾网笼留在另一个龙虾捕捞者的领地，可能会受到一系列逐渐升级的制裁。偷捕者的网笼上会被绑上一个标签，以表示他已被抓获。如果偷捕者继续偷捕，其他龙虾捕捞者可能会切断连接浮标和网笼的绳子，使网笼无法收回。屡教不改的偷捕者可以预见船只受损，或有人上门威胁。请注意，正是由于失去了惩罚持续污染者的能力，才最终摧毁了芝加哥的联盟。只要公众舆论支持联盟，法院对污染者定罪，芝加哥的绝大多数企业就会遵守规则。但，一旦舆论对联盟不利，没有人愿意定罪，这项行动就会分崩离析。

区域内合作

当然，企业间的集体行动可能是与地方政府合作的强有力的第一步，这并不是一个新的想法。至少 100 年来，领军企业一直在与当地监管机构和社区合作，以创造有利于整个社区的公共利益。

例如，明尼阿波利斯－圣保罗从某种意义上说是美国最成功的城市群之一，商业界与当地政府合作的历史悠久，特别是在教育方面。尽管该市距离任何一个海岸线都有数千英里之遥，并且气候在美国也堪称最恶劣，但财富500强中的19家——包括联合健康集团、3M、塔吉特、百思买和通用磨坊，以及美国最大的私营企业嘉吉公司的总部都设在该市。鉴于该市地理位置偏僻，气候恶劣，这些公司的首席执行官们都非常清楚他们有一个共同的利益，那就是将该地区打造成一个有吸引力的生活和工作场所。他们在发展有助于维持合作的共享身份和私人会议空间方面也有着悠久的历史。

例如，根据嘉吉基金会主席罗宾·约翰逊的说法，"这里的气候和地理位置、社区与沿海地区距离之远，以及定居在这里的斯堪的纳维亚和德国移民的职业道德，可能促使我们产生了这样的想法：我们必须做一些事情来为自己建设社区。没有人会帮我们，我们必须一起做"。

通用磨坊的前首席执行官肯德尔·鲍威尔进一步说：

> 如果你回溯到足够久远的过去，嘉吉公司的嘉吉家族和麦克米伦家族、皮尔斯伯里公司的乔治·皮尔斯伯里、通用磨坊公司的卡德瓦拉德·沃什伯恩、戴顿－赫德森公司（后来的塔吉特）的戴顿家族，他们都住在这里，并将公司管理得很成熟。因此，如果社区有了问题，

在像明尼阿波利斯俱乐部这样的组织里，召集五六个商业领袖来决定商业界应该怎么做，就相对比较容易。现在这些组织的负责人来自世界各地，但产生这种社区参与感的机构和传统仍然存在，而且仍然被社区领袖们有意识地追求。

明尼苏达早期学习基金会是这种合作行动的一个例子。它始于2003年，当时明尼阿波利斯联邦储备银行的研究主管阿特·罗尔尼克发表了一篇论文，指出在明尼苏达州的托儿所新生中，只有不到一半的孩子在情感、认知或社交方面做好了上学的准备。嘉吉公司的首席执行官乔治·斯塔利率先向当地商业界筹集资金，以采取行动解决这一问题。到2008年经济衰退结束时，他已经筹集了2400万美元，并说服艺康公司、塔吉特公司和通用磨坊公司的首席执行官承诺在5年内以董事会成员的身份亲自参加季度会议。

他们用这笔钱来试验了三项互补的措施。他们给符合条件的父母每年提供高达1.3万美元的奖学金，可以用于明尼阿波利斯－圣保罗地区所有高质量的早期儿童教育计划。他们推出了一个"家长意识"排名系统，来找出高质量的此类计划，并通过家访支持计划中的每个家庭。事实证明，这一举措非常成功，奖学金获得者的成绩明显优于对比组，这也使得州政府和联邦政府对该州的早期儿童教育做出了重大承诺。

回顾过去，明尼苏达商业合作组织的执行董事查理·韦弗强调，私营部门能够支持对创新和实验的投资，而这些投资之后可以成为政治行动的基础。他说：

> 最大的成功是筹集到了2400万美元。如果没有这笔资金来支付奖学金，建立评级系统，让家长有机会选择优质的托儿所，这个想法就不会得到检验，优质的托儿所也不会在这些社区开设。如果没有这笔钱，我们只能做一份报告，说早期教育很重要，没有进一步的影响。最重要的是，在将这个想法提交给立法机构去争取更广泛的支持之前，能够证明它。

有几位市长告诉我，明尼阿波利斯-圣保罗有许多优点，使得建立这种合作关系特别容易。例如，它的民族和种族比大多数美国城市更加单一。但我的感觉是，有成百上千的城市和地区正在努力，以某种形式的公私合作为特色，寻求通过提高经济增长来减少环境破坏和不平等。所有这些工作都需要该地区的领军企业之间进行某种程度的合作才能奏效。自我监管，特别是当它结合了对国家权力和作用的认识之后，可能会成为重塑商业的重要工具。

投资者作为执行者

投资者之间的合作是取得进展的另一个关键。世界上超过三分之一的投资资本（约 19 万亿美元），由世界上最大的 100 个资产所有者控制。这些资金中近三分之二是养老基金，其余三分之一是主权财富基金。15 家最大的资产管理公司共同管理着全球近一半的投资资本。它们包括贝莱德集团，目前管理着不到 7 万亿美元；先锋领航集团（Vanguard Group），控制着 4.5 万亿美元；道富集团（State Street）管理着 2.5 万亿美元。正如我们在前面"重新定义金融"一章中所看到的那样，这些资金中很大一部分是被动投资。以美国为例，65%～70% 的股票是由指数和准指数基金持有。这些投资完全暴露在整个系统的风险之下。它们的所有者无法分散环境恶化和不平等加速给整个经济带来的风险，改善其业绩的最佳途径是改善整个经济的业绩。

原则上，这些投资者拥有巨大的力量，可以推动整个经济朝着更可持续的方向发展，他们所要做的就是找到一种合作的方式。如果 15 家资产管理公司或 100 家资产所有者共同决定，要求他们投资组合中的所有公司或者某一行业的所有公司——远离化石燃料、停止砍伐森林，或接受高端劳动力策略，这将是朝着建立更公平和可持续的社会迈出的巨大一步。水野能够在拥有 7% 的日本股票的基础上推动日本的重大变革。想象一下，如果世界上一半以上资本的所有者要求改变，会发生什么呢？当然，这并没有那么容易。比如，以目前利用投资者力量阻止全球变暖的努力为例。

"气候行动 100+"（CA100+）[1] 成立于 2017 年，其目标是说服全球 100 个最重要的碳排放国。如一位记者所说："削减与灾难相关的金融风险。"该组织是一个由 300 多位投资者组成的联盟，这些投资者控制着全球近一半的投资资本。他们有三个目标：第一是确保他们所投资的每家公司都有一个董事会级别的程序来评估公司的气候风险，并监督应对气候风险的计划；第二是让每家公司明确披露这些风险；第三是说服每家公司采取行动，在其价值链上迅速减少温室气体排放，以符合《巴黎协定》将全球平均气温上升幅度限制在 2℃以下的目标。

参与"气候行动 100+"的商业理由非常明确，加入该计划的投资者认为，气候变化对其投资的长期价值构成了明显、现实的危险，这种风险无法通过分散投资化解。像水野一样，许多人认为，他们对受益人的信托责任要求他们尽一切可能解决全球变暖问题。但这

---

[1] "+"代表该组织成立 6 个月后被添加到列表中的另外 61 家"重点公司"，这是因为它们将受到气候变化的严重影响，或者是它们在缓解气候变化中发挥着特别重要的作用。

并不意味着协调这个群体是完全容易的。

它的实际工作是通过公开信、与公司管理层的正式和非正式谈话及提交"股东决议"（在公司年度大会上提交以供全体股东表决的投资者行动建议）等方式完成的。个人投资者负责协调与特定公司有关的行动，并在公司投资者中建立联盟来推进变革。

例如，2018年12月，一群代表超过11万亿美元的投资者在《金融时报》上发表了一封信，信中的部分内容是这样的：

> 我们要求电力公司，包括发电商、电网运营商和配电商，在净零碳经济中规划未来。具体而言，我们要求公司制订符合《巴黎协定》目标的过渡计划，包括符合目标的资本支出计划。我们期望欧盟和经合组织国家的公用事业公司提出在2030年之前迅速消除煤炭使用的明确时间表和承诺，并确定公司如何在近期管理使用化石燃料的基础设施的关停。

6个月后，来自"气候行动100+"的投资者推动壳牌公司公布了限制温室气体排放的短期目标，并说服英国石油公司支持一项股东决议，约束该公司披露其产品的碳强度、考虑新投资对气候影响时所用的方法，以及该公司制订和衡量排放目标的计划。该决议还要求每年报告公司在实现这些目标方面的进展情况，并解释高管薪酬与公司实现这些目标的能力之间的关联程度。提交股东决议可能听起来不像是能改变世界的事情，但这种决议可以成为传达投资者的优先事项和信念，以及向公司施加压力的有力途径。任何管理团队都非常清楚，说到底，一个足够大的投资者联盟可以取代他们。

但以这种方式与公司接触的成本很高，"气候行动100+"面临着一个典型的"搭便车"问题：任何特定的投资者都会被诱惑，让联盟中的其他投资者做所有艰苦的工作，这个风险确实存在。相对而言，要知道哪些投资者在努力工作是比较容易的，但并没有万无一失的方法去惩罚那些虽有承诺却袖手旁观的投资者。我的感觉是，目前，牵头成员正在使用道德劝说来说服所有人参与。如果他们成功的话，"气候行动100+"将被证明是一个极其重要的冰山一角。

对于贝莱德首席执行官拉里·芬克的信和在商业圆桌会议上宣布的公司新使命，我把这些理解为是在测试他们的同事对这种战略的接受度，而一个由世界上100个最大的投资者或15家最大的资产管理公司组成的集团，将满足最有可能支持合作的几个条件。这个集团的规模会相对较小，合作的回报率可能非常高，而且应该很容易直接观察到集团中的每个成员是否真的在给自己拥有的公司施压。如果联盟能开发出一种方法来惩罚"搭便车"的投资者，他们就胜利在望了，而且可能集团内部的社会压力就足以说服大家合作。据说有一个房间，他们中的很多人在里面开会。传言说，他们互相看了看，然后说："你先来。"

我的学生问我，这种事情是否让我感到紧张？我们真的希望世界上最大的资产所有者来行使这种集体权力吗？对我来说，这个问题很简单。这些资产所有者已经在行使巨大的权力，推动他们投资组合中的公司"向下竞争"。最重要的是，他们要做出一个慎重的决定，进而引发一场"向上竞争"。重塑商业的一个核心要素是重塑金融业——认真对待其对世界的集体责任并愿意采取行动的金融业。

总之，自我监管很可能成为动员世界商业界支持创造集体共享价值的一个有力途径。在核工业、纺织业、棕榈油、牛肉、大豆以及明尼阿波利斯-圣保罗这样的地方，商业界已经开始相信，如果他们共同行动来创造公共利益（或者停止创造公共损害），就会有更好的发展。这种合作会不断接触到政府，而追求行业层面的合作可能如此重要的原因之一恰恰是它创造了接受政府干预的意愿。在棕榈油、大豆和牛肉，以及越来越多的纺织和IT企业中，行业领导者正在积极推动政府监管。那些承诺遵守规则的公司有强烈的动机去推动制裁那些不愿做出承诺的竞争对手。

这个逻辑还能不能更进一步呢？如果我们的问题是体制不能制约市场力量，那么，私营部门能否帮助加强这些体制呢？如果可以的话，他们应该这样做吗？这些是我在下一章要讨论的问题。

07

保护那些让我们富有而自由的东西

市场、政治和商业的未来

> 如果人人都是天使,就不需要任何政府了。如果是天使统治人,就不需要对政府有任何外来的或内在的控制了。在建立一个由人统治人的政府时,最大的困难在于必须首先使政府能管理被统治者,然后再迫使政府管理自身。
>
> ——詹姆斯·麦迪逊,《联邦党人文集》,第 51 篇

我们几乎不惜任何代价全心全意地拥抱股东价值最大化，以及随之而来的政府系统性贬值，意味着在许多国家，国家制度目前还没有做好控制市场的准备。媒体受到持续的攻击，而和谐的理念也在逐渐落伍。此外，如前所述，我们面临的许多问题需要全球性的解决方案，而我们对具有全球包容性的制度可能是什么样子只有非常初步的认识。在国家制度面临压力而全球制度仍然相对薄弱的时候，大量权力就集中在私营部门。我们可以做些什么呢？

商业和整个社会繁荣的关键是将自由市场和自由政治理解为互补的而非对立的。自由市场如果想要生存，就需要一个开放、包容的社会制度，包括法治、对真相的共同尊重和对充满活力的自由媒体的承诺。同样，自由的政府也需要自由市场。如果没有真正自由和公平的市场所提供的增长和机会，许多社会就难以维持其合法性，或维护有效民主治理的核心所涉及的少数人权利。

通过推动创造共享价值，将带来巨大的变化，但单靠它们还不足以建立一个公正和可持续的社会。有效的政府行动是缺失的一环，但并不是要在市场和政府之间二选一。没有政府，真正自由和公平的市场是无法生存的。选择是包容——由强大的社会和高效、对市场友好的政府，还是攫取——由少数人代表少数人的统治。自由市场需要自由政治。现在是私营部门发挥积极作用来支持它们的时候了。

环境退化和不平等都是系统性问题，没有政府的行动是无法解决的。遏制气候变化需要实现世界能源供应的去碳化，从根本上升级全球的建筑，改变我们建设城市的方式，重塑全球交通网络并彻底重建农业。这些都是巨大的公共产品问题，即使是成熟的自我监管也无法解决。我们需要政府要么提供经济激励措施，促使企业采取行动，要么制定法规，使每个人都做正确的事情。企业从自身利益出发则必须身先士卒。没有好的政府和自由的政治，自由市场将无法生存。

能源需求预计在未来50年内会翻一番。阻止全球变暖意味着确保每一座新建的工厂都是零碳的，它还意味着要关闭世界上现有的化石燃料基础设施或去碳。这些任务只有政府行动才能实现，不管是以碳税还是单纯监管的形式。企业只有在政府的帮助下，才能够在减缓亚马孙森林砍伐方面取得切实的进展。如今，巴西政府改变了政策，毁林率急剧上升。建造白城的商人们只有利用法律制裁的威胁来关闭污染者，才能遏制芝加哥的污染，一旦他们失去政治支持，陪审团拒绝定罪，污染就会卷土重来。

不平等也带来一系列棘手的系统性问题，只有通过政府行动才能充分解决。为每个孩子提供其在现代经济中竞争所需的教育和保健，显然是基本要求，但这些基本要求只能由国家来有效地提供。此外，这些还不足以确保真正的机会平等。任何一个学生的成功，只有大约20%是由其自身所受教育决定的，而大约60%是受家庭环境——尤其是家庭收入的影响。如果在成长过程中没有得到足够的营养或恰当的照管，以及父母工作太辛苦、压力太大，无法为他们提供学业支持，其成功的可能性就会小得多。只有政府才能解决造成不平等的结构性因素，并提高底层人群的收入。

1946年至1980年，美国税前国民总收入几乎翻了一番。最贫穷的50%人的收入增加了1倍多，而最富有的10%的人的收入增长幅度则略低。1980年至2014年，税前国民收入增长了61%。但最贫穷的50%的人的收入只增长了1%，而最富有的10%的人的收入增长了121%，最富有的1%的人的收入增长了2倍不止。1978年，首席执行官的平均薪酬约为工人平均薪酬的30倍，而到2017年则是平均薪酬的312倍。如今，超过一半的公立学校学生有资格享受免费或减价的学校午餐——这是衡量贫困的经典指标。

除非我们能提高工资，否则我们无法提供真正的机会。然而，许多公司错误地认为他们根本无力提高工资。回想一下，在沃尔玛宣布花费大约30亿美元将最低工资提高约2.5美元每小时的当天，其股票价格下跌了10%。如果再将工资提高50%，达到15美元每小时，那将花费数十亿美元。2018年，沃尔玛的营业利润约为200

亿美元。这听起来似乎很多，但它只占销售额的 4% 左右，在不增加销售额和生产率的情况下，增加数十亿美元的劳动力成本，很容易引发股票竞相抛售。如果沃尔玛能够采取那种让开市客或梅尔卡多纳支付超额成本的劳动做法，它应该也可以提高工资。但这样的转变将是非常有颠覆性的，有许多公司仍然认为，除非他们所有的竞争对手都被迫做同样的事情，否则他们无法给工人体面的工资。

此外，如果不采取行动解决造成不平等的各种因素，仅仅增加教育支出和单方面提高工资不太可能大幅减少不平等。这些因素包括不受控的全球化和劳工组织的衰落、有利于富人的税法变化、许多行业的日益集中和基础设施投资不足，这些问题都只能通过政治行动来解决。

当然，这种企业可以在加强现有的或创建新的包容性体制方面发挥核心作用的想法，乍一看可能有点儿牵强。几十年来，"政府"这个概念本身也一直受到攻击。例如，罗纳德·里根在他的总统就职演说中就发表了一个著名论断：在当前的危机中，政府不是解决方案；政府本身就是问题。

对政府的信任及可以依赖政府解决社会问题的想法，正处于历史最低点。但这些看法是系统性诋毁政府运动的结果，而不是政府在建设公正和可持续的社会中可以和已经发挥的作用。

在 20 世纪 80 年代和 90 年代，美国最为标志性的"自由市场几乎不惜一切代价"的思想取得了胜利，其最重要的根源之一是一场由私营部门资助的知识和文化运动。蒙特·佩林协会是一个国际学者团体，成员包括弗里德里希·哈耶克和米尔顿·弗里德曼等保守派经济学家。该协会多年来定期开会，为他们的极端自由市场思想建立了严格的学术基础，其大部分资金来自商界。

在"二战"后的几十年里，商人们资助了一些广播节目和流行杂志，介绍了路德维希·冯·米塞斯、弗里德里希·哈耶克和其他新自由主义思想家的思想。例如，太阳石油公司总裁霍华德·皮尤资助了詹姆斯·法菲尔德的广播节目《自由故事》(*Freedom Story*)和比利·格雷厄姆的杂志《今日基督教》(*Christianity Today*)。这些平台将哈耶克的自由市场概念与更广泛的社会和道德主题结合起来，形成了一个支持保守派行动主义的网络。它还向美国企业研究所等自由意志主义智库输送资源，试图向决策者和记者传达自由市场、反政府的理念。

致力于自由市场思想的富有的商界领袖们也齐心协力地影响学术观点。例如，由同名实业家创立的约翰·M.奥林基金会，在1960年至2005年间花费了数亿美元，将法律经济学作为一门拓展的法律学科来进行发展和传播，并承担了其早期项目和奖学金的大部分费用。奥林基金会的一位董事解释说，虽然法律经济学看起来是中立的，但它拥有"走向自由市场和有限政府的哲学推动力"，而且它是资助保守派法律学术的一种方式，不会引起大学院长的反感。哈佛大学法学院和哥伦比亚大学法学院等名校为新的法律经济学项目提供了大量资金，希望它们能影响其他学校。

查尔斯·科赫和大卫·科赫是科氏工业集团的唯一所有者,身居美国顶级富豪行列。在大卫·科赫去世之前,他们是持续努力缩小美国政府规模和权力的实际领导者。现在,这一衣钵落在查尔斯的肩上。在整个20世纪80年代和90年代,兄弟俩资助了各种反对环境监管、限制和贸易立法及医疗改革等努力的组织。从2003年开始,他们还开始每年召开两次捐赠者"研讨会"。在这些研讨会上,以商界领袖为主的富人接触到极端自由的市场理念,以及实施这些理念的实用政治策略。到2010年,有200多名富有的捐赠者定期参会。该系统致力于削减税收,阻止或取消商业监管,减少对公共教育和社会福利举措的资助,削弱公共和私人工会,限制选民登记的便利性,以及减少投票天数和时间。它一直蓬勃发展,并定期资助旨在为高等教育产生想法、研究和改变的投资。但它最广泛的努力是创建"繁荣美国"(Americans for Prosperity)——"一个通用的组织联合会"。该联合会的成员投资于广告、游说和草根运动。到2015年,该联合会拥有1.5亿美元的预算和500名工作人员,76%的右翼新政治组织隶属于科氏网络,而82%的新党外资金是通过与科氏关联的财团流动的。

建设我们需要的政府：大局

当然，什么样的制度最能支持经济增长和社会福利，这个问题非常具有争议性。在20世纪80年代和90年代，发达国家和发展中国家的政治思维都集中在自由市场在推动经济繁荣和政治自由方面的作用上。全球经济发展在很大程度上受"华盛顿共识"的指导，这种世界观主要专注自由市场推动增长的力量。该共识促使世界银行和国际货币基金组织（IMF）等有影响力的机构推动发展中国家颁布影响深远的放松管制和私有化政策，向全球贸易开放国内市场，并允许资本自由流动作为发展的根基，而所有这些都没有明确关注当地政治或社会体制的健康状况。

现在看来，这很明显是一个错误。

从实践上来看，许多执行"华盛顿共识"的国家都没有达到预期的效果。所谓的"亚洲四小龙"——特别是新加坡和韩国，则通过将自身市场发展与政府的大力干预相结合，获得了经济上的成功。2000年的一项研究发现，政治和社会体制的差异可以解释前殖民地国家人均收入差异的四分之三，这又引发了大量的进一步研究。这项研究最终证实了历史学家和政治学家一直在讲的一个说法，即虽然经济增长和社会福利往往因自由市场的存在而得到极大推进，但它们也严重依赖于一系列与之互补的制度。

包容性政权是开放、负责任的，它们允许任何人参与政治和经济生活。它们的特点是有两个核心制度：第一个是参与式政府；第二个是自由市场。正如我上面所说，这两者是相辅相成的，并且需要彼此才能生存下去。两者都很脆弱。政府不断寻求更多的权力、更多的财富和更多的控制，而市场同样也在不断寻求破坏制约它们的规则，以寻求更少的监管、更低的税收和更多的权力。如果它们要保持平衡，就需要彼此及自由社会的其他制度：公正的法治、劳工的声音、对少数人权利的保护、自由而高效的新闻，以及充满活力、开放而高效的制度，如图7.1。

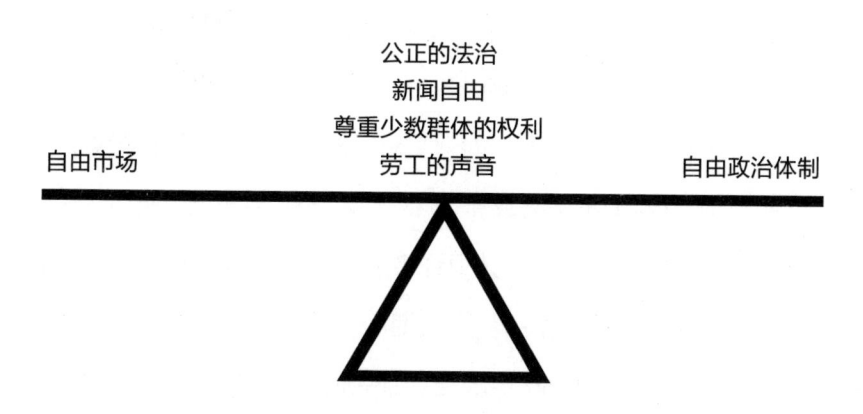

图 7.1　保持政府和市场之间的平衡

包容性体制从何而来？自由市场和自由政治体制首先在欧洲开始大规模兴起。在某些情况下，新兴的商人阶级迫使攫取性统治者分享权力。在另一些情况下，政治包容性刺激经济增长和推动贸易的潜力促使政府分享权力，以此提高其在面对军事威胁时茁壮发展的能力。例如，在中世纪的威尼斯，一种被称为"合股公司"（colleganza）的契约制度，也就是股份制公司的前身，使富裕的金融家能够为长途贸易的旅行商人提供资金。从充满挑战的旅程中获得的利润被分享，这为那些因出色表现而非社会地位被选中的商人提供了积累大量财富的潜力。随着时间的推移，这种经济上的包容推动了政治上的包容，因为不断增长的商人阶级通过消除世袭统治和建立议会，对威尼斯的统治者（总督）施加了限制。因此，威尼斯在10世纪到13世纪繁荣起来，直到14世纪初的"封闭"（Serrata）。当时，一小群富商成功地限制了他人进入合股公司和议会的机会。这一变化使这些家族在接下来的200年里主宰了威尼斯的经济和政治，也标志着威尼斯长期衰落的开始。

  17、18世纪英国出现的包容性制度是另一个重要的转折点。在1642年至1649年的英国内战和1688年至1689年的光荣革命中，大量的中层、上层资产阶级（其中许多人在贸易中赚到钱）在引领社会改革方面发挥了重要作用。内战期间，他们处决了国王，使国家处于议会统治之下。1660年恢复了君主制，但权力受到极大限制。光荣革命后，商业利益集团和贵族联盟强行通过了宪法保障，进一步制约了君主制的权力，保护了选举和言论自由。美国独立战争（1775—1783）和法国大革命（1789—1799）都可以类似地被解释为成长中的商业阶级和传统君主制之间的斗争。在所有这些例子中，政治革命之后都伴随着商业革命，贵族和君主对经济的控制被打破，转为向（几乎）所有人开放的经济竞争。

美国的历史是包容性体制力量的经典案例。独立战争后，美国建立了前所未有的政治权力制衡机制、公民基本权利和自由选举制度。这些制度所支持的政治和经济流动性，意味着原则上任何普通人（白人）都可以获得经济权力，这在18世纪是一个激进的概念，这种流动性为美国19世纪经济的巨大活力奠定了基础。大家一致认为，（只要你是白人男性）你的潜力只受限于你的智慧和你的勤奋，再加上随处可见的廉价土地和根深蒂固的统治精英的缺席，这意味着美国的社会流动性达到了相当高的水平。

在19世纪和20世纪，这种制度体系得到了进一步加强，包括扩大特许权、公共资助的教育，以及充满活力的自由媒体和广泛的劳动、社会福利、消费者保护和反托拉斯立法机构的发展。这在一定程度上使美国在历史上曾拥有极具创新和充满活力的经济，而且社会福利水平也达到了所有发达国家中的最高水平。

在有效的包容性体制下，有效的政府是维持自由市场和自由社会的重要伙伴。例如，美国国防部是计算机行业的第一个客户，而计算机行业是在联邦基金的资助下起步的。国家在研发方面的大量投资带来了革命性的技术，这些技术是iPhone、iPad、互联网、GPS、触摸屏和大多数通信技术的基础。由联邦政府资助的农业进修学院在传播技术实践方面发挥了重要作用，使美国农业生产率位居世界首位。政府还出资修建了维持经济运转的道路、港口和桥梁。

政府管制解决了各种各样的环境问题。例如，1973年，化学家弗兰克·舍伍德·罗兰和马里奥·莫利纳发现，用作气溶胶和制冷剂的氯氟烃（CFC）分子足够稳定，可以到达平流层，它们的存在将致使保护地球上的生命免受太阳紫外线辐射的臭氧层遭到破坏。高水平的紫外线会导致人类患上皮肤癌，并对其他动植物造成重大损害。罗兰和莫利纳建议，应尽快禁止使用氯氟烃。

这一想法遭到氯氟烃行业的强烈反对，该行业当时至少有80亿美元的销售额，雇用了60多万人。有人引述杜邦公司董事会主席的话说，臭氧消耗理论是"一个科幻故事……一堆垃圾……完全是无稽之谈"。最大的氯氟烃制造商杜邦公司公开推测，仅在美国，淘汰氯氟烃的成本就可能超过1350亿美元，"整个行业都可能倒闭"。

但12年后，三位科学家在南极洲上空发现了一个臭氧层空洞，这个空洞比任何人预想的都要大得多。一项估计表明，如果不解决氯氟烃问题，到2030年，将有60万人死于皮肤癌，800万人将患上白内障，此外还会对动植物造成重大损害。尽管反对的声音不断，1年后，一项逐步淘汰破坏臭氧的化学品的国际协议——《蒙特利尔议定书》获得批准，以应对这一威胁。该议定书取得了显著的成功。事实证明，有可能相对较快地找到氯氟烃的替代品。预计到2030年，南极的臭氧层空洞将恢复到1980年的状态。它还将全球温室气体排放减少了约5.5%。

1990年通过的《清洁空气法》也同样有效。例如，控制酸雨的二氧化硫配额交易项目，每年的成本不超过20亿美元，但每年降低的死亡率却带来了500亿到1000亿美元的效益。

政府的规章制度保证了食品和水供应的安全，并确保工人在工作中不会经常受到虐待。采用国家养老金计划和政府资助的老年人医疗服务，意味着数百万人在年老时的生活不再面临饥饿和疾病。当然，没有任何一项法规和政府计划是完美的，政府监管者有时也会很难。但这是制度的固有本质，政治过程中的讨价还价，再加上对公共利益而非私人利润的关注，总是意味着政府看起来不如私营部门"有效率"。但效率不是正确的标准，正确的标准是政府是否廉洁、反应迅速。

具有强有力的包容性体制的社会，其经济增长更加稳定，而且包容性社会比攫取之下的社会要繁荣得多。包容性体制也是决定个人福祉的重要因素。包容性社会更幸福、更长久，收入平等程度更高，社会经济流动性更大，社会自由度更高。虽然人均国内生产总值是贫穷国家生活满意度的一个强有力的决定因素，但当国内生产总值超过每年约1.5万美元时，个人幸福感与收入无关，而是与是否有包容性的政治体制有关。

简而言之，法治政府和自由社会的其他体制是经济增长和个人福祉的主要来源。人类现在面临的问题反映了这样一个事实，即如果要解决我们所面临的全球问题，就必须建立有效的全球体制，但在世界范围内，包容性体制正受到持续的攻击。

企业必须成为积极的合作伙伴，支持我们现有的包容性体制，并建立我们需要的新体制。这不是一个支持具体政策或推行特定政治价值观的问题，这是关于支持我们社会的基础，企业必须学会系统地思考。问题不应该是"这项特定的政策是否对我有利"，而是"如何保护使我们变得富裕和自由的体制"。

许多公司已经与当地社区合作（正如我们之前看到的明尼阿波利斯－圣保罗的例子），建设每个社会都需要的公共产品。这样的工作必须扩大到国家和全球层面，并重点关注三个关键问题。首先，围绕少数群体的权利和包容，企业应该尽其所能，确保社会中的每个人——无论种族、性别或民族，都有机会成为这个社会的正式成员。其次，需要对主要的环境外部性进行定价或监管。自由市场只有在一切都被适当定价时才能发挥其作用。只要企业燃烧化石燃料、毒害海洋、乱丢垃圾而不受惩罚，它们就会继续加速全球变暖和破坏生物圈。企业必须推动立法，使每家企业都"守规矩"。最后，也许是最重要的一点，企业必须尽其所能维护和加强法治和公民社会。

支持少数群体的权利

尊重少数群体的权利是一个包容性社会的基本支柱之一，也是健康机构存在的关键指标。建设一个公正和可持续的社会，不仅需要保护财产权和政治权利，还需要保护公民权利，即法律面前人人平等。如果社会在提供司法、安全、教育和卫生等公共产品方面对不同群体进行区别对待，就不可能具有包容性。企业的力量是无比强大的，并开始展示其力量来反对歧视。保护少数群体权利的斗争就是实践的一个例子。

在美国，对少数群体的看法在过去20年里发生了巨大的变化。现在有70%的人口（包括两党中的大多数人），认为"同性恋应该被接受"，而1994年只有46%。此外，61%的人赞成同性婚姻，高于2002年的38%，而且多数人认为跨性别者应该有公民权利。

虽然这方面的大部分进展是由少数群体自身的巨大勇气和坚持不懈的努力推动的，但这一运动得到了许多大型跨国公司的帮助，它们是少数群体权利的早期支持者。1975年，美国电话电报公司（AT&T）通过了一项政策，禁止基于性取向歧视员工。1984年，国际商业机器公司（IBM）将性取向作为其全球非歧视政策的一部分。1992年，莲花公司（Lotus）成为第一家为少数群体员工提供福利的上市公司。4年后，IBM将医保范围扩大到同性伴侣。沃尔玛则于2013年开始为所有员工的家庭伴侣提供公司范围内的医疗保险福利。在《财富》世界500强企业中，85%的企业在其非歧视政策中包含了性别认同保护（2002年为3%）；62%的公司提供了包含跨性别者的医疗保障，而2002年时是零。2002年，当首次引入企业平等指数，对各大公司支持少数群体的政策进行评分时，在319家受访公司中，只有13家公司获得了满分。今天，尽管该指数经过修订，变得更加严格，但781家企业中的366家获得了100%的分数，其中包括《财富》杂志评选的美国最大企业排名前20名中的14家。

但这场战斗尚未取得胜利。据估计，在810万16岁及以上的少数群体工作者中，约有一半的人生活在没有针对基于性取向和性别认同的就业歧视的法律保护的州，而针对少数群体的仇恨犯罪的数量并没有显著下降。最近，一些城市和州通过了立法，旨在使歧视少数群体的行为合法化。例如，2015年3月，印第安纳州州长签署了《宗教自由恢复法案》（RFRA）。该法案是在一个私人仪式上签署的，一些公开反对同性恋婚姻的团体参加了仪式，批评者指责该法案将允许组织利用宗教为基于性取向的歧视辩护。

印第安纳州内外的许多首席执行官都公开发声，试图扭转该立法。就在该法案通过之前，包括Clear Software、赛富时（Salesforce）、云华互动（CloudOne）和Salesvue在内的一些位于印第安纳州的技术公司的首席执行官给州长写了一封信，敦促他否决该法案，并说：

> 作为技术公司的领导者，我们不仅在个人层面上不同意这项立法，而且（认为）RFRA将对我们在技术领域招聘和留住最优秀、最聪明的人才的能力产生不利影响。技术专业人员从本质上是非常进步的，而像RFRA这样落后的立法将使印第安纳州成为一个没有吸引力的生活和工作场所。

该法案签署后，苹果公司首席执行官蒂姆·库克（《财富》世界

500强企业中首位公开同性恋身份的首席执行官）在推特上表示，他对该法律"深感失望"。Yelp首席执行官杰里米·斯托普尔曼表示：

> Yelp在任何鼓励企业歧视我们的员工或广大消费者的州创建、维持或扩充大量业务，都是不合情理的……这些法律开创了一个可怕的先例，很可能会损害采纳这些法律的州的整体经济健康，损害目前在这些州经营的企业，最重要的是，损害在这些法律下可能遭受不公正对待的消费者。

所有在印第安纳州有大量业务的公司——安森保险、礼来公司、康明斯公司、罗氏诊断、艾米斯传播公司、印第安纳大学医疗系统和陶氏益农公司——的首席执行官们呼吁当地共和党领导层通过立法，防止基于性取向或性别认同的歧视。家政服务网站安吉的名单（Angie's List）当时刚刚宣布将扩大在印第安纳州的业务，其首席执行官比尔·奥斯特尔表示将推迟4000万美元的扩张计划，使多达1000个新工作岗位面临风险。

一周后，立法机构通过了该法案的修正案，明确不能用该法案来为歧视少数群体的行为辩护。一个月后，沃尔玛首席执行官公开要求阿肯色州州长否决原版法案，理由是该法案使对少数群体的歧视合法化。在沃尔玛首席执行官的公开压力下，州长签署了修订后的"宗教自由"法案。

2016年3月，北卡罗来纳州的立法机构通过了《公共设施隐私和安全法》，即常说的"HB2"或"卫生间法案"，也得到了类似的回应。该法案取消了当地的一项城市法令，该法令规定企业拒绝为少数群体提供服务是非法的，并允许跨性别者使用与其性别身份相符的洗手间。根据该州法案，跨性别者必须使用与其出生证明上所列性别相对应的公共厕所。

该法案通过后的第二天，包括美国航空公司、红帽公司、脸书、苹果和谷歌在内的一些公司发表声明反对HB2。几天后，又有百余位首席执行官和商界领袖签署了一封信，表达了他们对该法案的担忧。贝宝（PayPal）联合创始人马克斯·莱夫钦曾在前一年对美国有线电视新闻网（CNN）表示，反对印第安纳州的法律是"基本人伦问题"。随后，他取消了在北卡罗来纳州最大的城市、原始法令的发源地夏洛特开设新运营中心的计划，这将使该州损失多达400个新的工作岗位。一周后，德意志银行宣布取消在北卡罗来纳州凯里市创造250个工作岗位的计划。一年后，北卡罗来纳州通过了部分废除HB2的法案。

采取这种激进的公开立场并不总是容易或便宜的。几乎可以肯定的是，沃尔玛的员工和顾客在少数群体权利问题上存在严重分歧。Angie's List的首席执行官奥斯特尔受到了广泛的攻击。当地一个保守派团体的主席说："我认为他的做法……简直是经济恐怖主义。"百万妈妈（One Million Moms）博客简单明了地给这家公司贴上了"仗势欺人"的标签，并呼吁抵制。PayPal的首席执行官丹·舒尔曼回忆说："我们的发声得到了很多不同人士的赞誉，也有很多人不同意这个决定。我收到了包括人身威胁在内的各种威胁。"

歧视对世界上最大的公司来说是一个主要的问题，因为他们千禧一代的员工对这个问题充满热情，并要求他们的雇主采取反对的立场。但反对基于性别、种族或民族的歧视也是许多企业领导人的核心道德价值观。

例如，2017年8月12日，美国弗吉尼亚州的夏洛茨维尔市发生暴力冲突事件，白人至上主义者组织的集会导致一名年轻女性死亡。8月14日，美国制药巨头默克公司的首席执行官肯·弗雷泽宣布退出制造委员会，并发表了一份声明，部分内容如下：

> 我们国家的力量来自它的多样性，以及不同信仰、种族、性取向和政治信仰的男男女女所做的贡献。领导人必须尊重我们的基本价值观，明确拒绝仇恨、偏执和群体至上的言论，因为这些言论与美国人生而平等的理想相悖。作为默克公司的首席执行官，出于个人良知，我感到有责任站出来反对不容忍和极端主义。

弗雷泽是非裔美国人，他的祖父出生时即是奴隶。1年后在对媒体谈及此事时，他回忆道："我个人认为，如果不对此事表态，就会被视为对所发生的事情和所说的话的默许。我认为话语会有后果，行为会有后果。我只是觉得，出于我个人的良知，我不能继续待下去。"

鉴于弗雷泽是一家大型制药公司的首席执行官，他的决定并非没有风险。在一周之内，理事会的其他首席执行官也都辞职了。

这些行动看似很小，却表明一些企业的高级领导人愿意为坚定的价值观而应对挑战。如果全球政治开始在种族、性别和民族问题上采取更加包容的立场，我猜想，在促成这一点的运动中，私营部门参与这些问题的意愿会被看作重要的一环。

走向全球：私营部门与气候政策

企业必须推动各地政府应对气候变化，坚持根据最新的科学制定政策，并大力倡导可以帮助我们避免灾难的市场友好型政策。适当的监管——比如碳税或碳限额，不仅能让全球经济以最低成本实现去碳化，还能为我们带来数十亿美元的新市场机会。去碳化是昂贵的，但不加控制的气候变化将花费的成本要比它高数十亿美元。目前的估计表明，到21世纪末，气候变化给美国经济带来的损失可能高达GDP的10%，并破坏世界粮食供应的稳定。联合国政府间气候变化专门委员会（IPCC）估计，将温室气体排放保持在有66%的机会令温度上升不超过2℃的水平上，到2100年将花费全球GDP的3%到11%。但是，如果不遏制全球变暖，到2100年，因农业生产损失、健康风险、城市水灾和其他重大破坏，可能导致全球人均GDP损失23%至74%。不加控制的气候变化还将对后代造成不可逆转的伤害。正如全球商业界致力于全球包容一样，它也应该致力于确保为子孙后代留下一个健康的地球。

许多私营部门已经开始朝着这个方向发展。在加拿大不列颠哥伦比亚省，私营部门的支持对该省气候税的实施至关重要。在美国，私营部门的支持对于通过区域温室气体倡议（RGGI）、东北/中大西洋碳交易系统，以及设计和通过加利福尼亚州到2045年实现100%无碳化的承诺都是至关重要的。

2019年4月，犹他州州长加里·赫伯特签署了《社区可再生能源法案》。该法案规定，犹他州的电力供应商洛基山电力公司向该州那些提出要求的社区提供100%的可再生能源，为全州城镇转向可再生能源电力铺平道路。该法案的通过为企业、希望转向可再生能源的城市和电力公司之间3年来的秘密谈判画上句号。

布林·凯里是帮助该举措赢得政治支持的商界人士之一。2004年，他在帕克城的一个单车车库里创立了滑雪管家（Ski Butler）公司，这是一家运送和租赁滑雪设备的公司。他很快意识到，气候变化不仅对他的生意，而且对犹他州和他所热爱的运动都构成重大威胁。犹他州目前是美国变暖最快的五个州之一。在过去的48年里，平均气温上升了16℃以上，积雪量显著减少，这不仅威胁到滑雪产业，还威胁到该州的供水。2012年，凯里花了几个月的时间，试图说服帕克城的商界支持一项倡议——在城市的每个屋顶上安装太阳能电池板，但没能成功。他最终认定，只有政治才能推动行动。2015年，他召集自己的员工、当地活动家和其他居民，共有几十人，一同参加了市议会会议。第二年，市议会通过了一项决议，承诺到2032年，该市将100%由可再生能源供电。2016年7月，盐湖城通过了一项类似的决议；2017年，犹他州其他一些社区也纷纷效仿。

但在犹他州，希望转用可再生能源电力的城市只有两个选择：要么从零开始建立自己的电力公司，要么从洛基山电力公司购买电力。该公司是州政府监管的垄断企业，因烧煤而臭名昭著。到2015年，盐湖城已经违反联邦空气质量标准十多年了，主要是因为该市对燃煤电力的依赖。对此，该市市长杰基·比斯库普斯基建议洛基山电力公司同意进行投资，以使盐湖城有可能实现对可再生能源的承诺。

在接下来的两年时间里，市长和其他一些来自环保界、商业界的盟友，以及其他承诺使用可再生能源的城市的市长一起，与这家公用事业公司悄悄协商，制定了可能实现这一目标的立法。可再生能源的经济性变化如此之快，这一事实给了该同盟帮助。2018年12月，拥有洛基山电力公司的太平洋公司（PacifiCorp）发表了一份报告，表明其22家燃煤电厂中，有13家的运行成本高于现有的替代方案，关闭它们可以节省数百万美元。但该公司在犹他州的工厂没有一个入选，因为该公司还没有还清为建造这些工厂所欠下的债务，还提出如果提前关闭这些工厂需有所补偿。最终的法案规定，那些改用可再生能源的社区要继续偿还燃煤电厂的债务。比斯库普斯基回顾了促成和解的复杂谈判，他说："我们是否也有过想一走了之的时候？当然有。但当这种情况发生时，你必须让大家回到谈判桌前，并提醒他们：这是一个旅程，我们承诺过了。人们需要清洁的空气。"

美国有超过200个企业、城市和郡县承诺100%使用清洁的可再生能源。"美国承诺"（America's Pledge）是一个致力于跟踪美国各地地方承诺的非营利组织，据它估计，到2025年，这些承诺将使温室气体水平比2005年减少17%。它进一步指出，"影响大、期限短且随时可由当地人员实施"的进一步减排战略可使这一数字达到21%。如果整个美国经济能够更广泛地参与该同盟的目标，有可能让2025年的排放水平比2005年减少24%以上。这一降幅将使美国"离巴黎承诺只有一步之遥"。报告最后称，"脱碳可以由实体经济行为人自下而上的努力来领导……但只有在深入合作和参与的情况下才能实现"。

2017年，当宣布美国将退出《巴黎协定》时，叙利亚和尼加拉瓜成为仅有的没有承诺采取行动应对气候变化的国家，包括苹果、盖璞（Gap）、谷歌、惠普和李维斯在内的30家美国公司的首席执行官们发表了一封公开信，敦促总统重新考虑这一决定。特斯拉的首席执行官埃隆·马斯克和迪士尼的首席执行官鲍勃·艾格辞去了总统顾问委员会的职务，以示抗议。

一个名为"我们仍在"（We Are Still In）的更具雄心的合作计划，如今"拥有来自50个州的3500名代表，包括大小型企业、市长和州长、大学校长、宗教领袖、部落领袖和文化机构"。它致力于在地方一级催化行动，以确保美国履行其在《巴黎协定》下的承诺。截至本书撰写时，已有2000多家企业签署了该协议，它们都正式承诺与国家政府和地方社区合作，减少温室气体排放。该联盟作为"影子代表团"，参加了2018年12月举行的《联合国气候变化框架公约》第24届缔约方大会（COP24）的国际气候谈判，与各国政府和参会代表会面，阐述了制定一套强有力的规则来落实《巴黎协定》的理由。

我的参与国际气候谈判工作的同事告诉我，私营部门的这种支持对于保持国际气候谈判的活力至关重要，但我们的情况仍然令人绝望。私营部门必须利用一切机会，将解决气候变化问题作为对每个政府的首要要求。

支持法治

支持包容和大力推动恰当的环境政策是至关重要的任务，但企业面临的最重要问题是防止我们的体制受到进一步破坏。我们的政治体制几乎处处受到威胁。改划选区正在让立法机构越来越两极化，党派之争愈演愈烈。政客们精心制定规则来限制投票和攻击新闻自由。司法独立正日益受到损害。越来越多的资金涌入政治领域，造成一种政客是可以用钱收买的印象，哪怕现实并不总是这样。如果我们的政治体制是真正自由和公平的，就必须倾听每个人的声音，但潜在的选民正变得越来越愤怒和愤世嫉俗。

企业必须要求以法治的方式确定游戏规则，这意味着积极支持使人们更容易投票的措施。例如，美国是世界上投票率较低的国家之一。在2014年的中期选举中，只有33%的投票年龄人口实际参与投票，这是自1945年以来任何发达法治国家（除安道尔外）的全国性选举中投票率最低的一次。这也意味着要抵抗任何压制投票权的努力。例如，2018年11月，佛罗里达州一项恢复被定罪的重罪犯投票权的提案，以近65%的票数通过。但在2019年5月，佛罗里达州立法机构通过一项立法，坚持重罪犯只有在付清法院判决的所有罚款后才能投票，事实上，这让提案变得形同虚设。这应该是一条红线，企业应该呼吁并积极抵制这类措施。

这意味着与那些试图减少政治资金的人合作。在美国，2000年至2010年，游说支出增加了1倍多（从15.7亿美元增加到35.2亿美元），此后稳定在每年32.5亿美元左右。在最高法院2010年的"联合公民案"裁决之后，总统选举的外部支出从2008年的3.38亿美元激增到2016年的14亿美元。这一支出还不包括美国公司的免税慈善基金会出于政治动机的捐赠。最近的一项研究估计，2014年的捐赠额为16亿美元。尽管政治支出的增长大部分可能来自非常富有的个人，而不是商业公司，但现在进入政治领域的公司资金激增是毫无疑问的事实。这种支出的泛滥可能会使个别公司受益，但它使私营部门面临腐败的指控，并大大降低了人们对法治进程的信任。我们必须抵制这种做法。

有多少抵抗正在进行？我的感觉和一直积极寻找得到的答案：并不多。一场名为"投票时刻"的运动已经获得了全美300家公司的支持，包括沃尔玛、泰森食品和PayPal，这些公司都致力于通过带薪投票假、无会议选举日等项目来提高选民的参与度，并支持邮寄选票和提前投票。参与该倡议的巴塔哥尼亚公司的全球传播和公共关系总监科利·肯纳告诉美国消费者新闻与商业频道（CNBC）："这场运动是无党派的，不是政治性的……这是为了支持法治，而不是支持候选人或议题。"里德·霍夫曼是PayPal的早期员工、领英（LinkedIn）的创始人之一，以他为首的一群商界人士已经为这项工作投入了数亿美元，以提高选民投票率，并让新的候选人进入政界。

这些都是令人鼓舞的迹象，但与支持现有的包容性体制和创建我们需要的新体制所需的集体行动相比，还相差甚远。当我与商界人士合作时，几乎每个人在谈到这一点时都变得非常紧张，他们想知道这样的事情是否曾经发生过。企业是否重建政治体制并让它变得更加包容呢？还真有过。

建立包容性的政治体制

历史上有那么几个时刻，企业在帮助重塑社会方面发挥了关键作用。下面我简要介绍三个例子，分别是第一次和第二次世界大战后的德国、19世纪末的丹麦和20世纪60年代的毛里求斯。

在德国，企业面对着承受巨大压力的体制，人们严重怀疑它能否生存下来。但企业建立了一种与员工合作的新方式，他们共同打造了一种制度，使德国成为世界上繁荣、成功的社会之一。在丹麦，一位四面楚歌的统治精英帮助建立了一个体系，让劳工、企业和政府共同合作，将一个在欧洲又小又贫穷的地方变成了一个富裕且平等的地方，也是对市场十分友好的地方。为了避免你把德国和丹麦的成功归因于他们的欧洲传统或基本上同民族的社会，我们再来看看毛里求斯的历史—— 一个因种族关系而严重分裂的社会，却能够建立一个繁荣的多元文化社区和强大的自由市场，现在是非洲较成功的国家之一。在每一个案例中，有远见的商业领袖都有勇气和想象力去尝试新的东西：致力于合作来建设一个对所有人都有利的社会。现在回想起来，他们的决定看起来很明显，甚至很容易，但在当时却一点儿也不明显。

德国：建立企业与劳工的合作

德国在第一次世界大战中战败后，政治和经济的混乱迫使德皇威廉二世退位，德意志帝国崩溃。仿效苏联的"劳农委员会"获得了广泛的政治控制权。面对他们所认为的大规模征用和经济灾难的现实威胁，一群杰出的商人联系工会，试图恢复稳定。

胡戈·施廷内斯，德国最富有的人，在这次尝试中扮演了特别重要的角色。施廷内斯在煤炭、钢铁、航运、报纸和银行等领域拥有大量股份，一位分析师将他描述为那个时代的沃伦·巴菲特。他和其他一些私营部门的领导人一起，向温和的工会领导人提出了建立新经济秩序的建议。1918年11月，这两个团体签署了《施廷内斯－列金协议》，该协议规定了8小时工作制、承认工会、建立工作委员会的权利及采用行业集体谈判。施廷内斯还为全国性的雇主代表制度奠定了基础。各大企业之间的谈判于1918年开始，并在1919年结束，当时雇主代表权被统一在德意志帝国工业协会（RdI）之下。RdI是按照行业而不是地区来组织的，这种结构倾向于支持大企业的利益，新的协会使施廷内斯和他的同盟可以在更多公司中扩大《施廷内斯－列金协议》的影响力。

1933年至1945年，因为纳粹解散了雇主协会和工会，法西斯主义、经济和政治动荡以及第二次世界大战的灾难导致这些协议破裂。德国的商业领袖鄙视纳粹，却选择与新政权合作，在短期内获得丰厚利润的同时，默许了这个最终毁灭国家和自身财富的过程。第二次世界大战让德国和德国的企业成为一片废墟。超过700万德国人死亡，超过总人口的8%；20%的住房被摧毁；工业和农业产出只有战前的三分之一。

由于担心广泛的激进动荡，雇主领袖再次与劳工联合起来。德国工业联合会（BDI）成为最大的雇主协会，主要侧重于经济宣传，而德国雇主协会联合会（BDA）的成立则是为了管理劳资关系。德国工会联合会（DGB）作为代表工会的综合组织而成立。这三个组织共同努力，恢复了在两次世界大战期间建立的雇主与劳工关系和集体谈判的传统。这三个组织直到今天仍存在。

战后重建最关键的任务之一是恢复和规范学徒制。在第二次世界大战之前，该制度没有按行业或地区进行标准化。不同的技能有不同的认证制度，培训的类型和质量也参差不齐。战后，在BDI和BDA的赞助下，由几家大型工业企业牵头成立了一个全国性的协调机构，致力于对技术行业进行编目，编写和推广培训材料并开展认证考试。所有从事同一职业的学徒都接受同样的基本培训和认证，并建立了各种机制，努力确保培训不断得到更新，以适应新的技术发展。学徒计划的数量急剧增加，在20世纪50年代中期通过的立法正式承认了这一制度。

企业协会和工会同意每年进行谈判，以确定工资和工作条件。这些年度协议具有法律约束力，现在覆盖了德国所有雇员的57%左右。大多数德国雇主还投资于培训，提供托儿支持，并为员工管理的工作委员会提供空间、材料和时间。规模在最低限度以上的德国上市公司必须在其董事会中加入员工代表，这一制度被称为"共同决定"。

德国现在是全球强大、平等的经济体之一。2017年，它的人均GDP水平位居世界前列，仅次于爱尔兰、挪威、瑞典和美国。收入流动性是一项指标，用来衡量出生在贫困家庭的人与出生在富裕家庭的人有多大机会赚到同样多的钱，它低于斯堪的纳维亚国家，但高于美国、英国、法国、日本和中国。德国平均工资水平处于世界前列，且失业率（截至本报告撰写时，失业率不到5%）是较低的国家之一。

尽管工资很高，但德国企业是非常成功的出口商。2017年，德国出口了价值1.3万亿美元的商品，几乎占经济总产值的一半（同年，美国仅出口1.4万亿美元，占产出的12%；而中国出口了2.3万亿美元，占产出的19.76%）。按某些标准衡量，它被列为世界上最具创新力的经济体。德国GDP中近25%是制造业（相比之下，在美国，制造业只占产出的15%左右）。世界银行2016年的物流绩效指数将德国的物流绩效和基础设施列为世界最佳。

世界上最大的100家公司中，有8家是德国公司。德国还拥有一批在全球都非常成功的中小型企业（Mittelstand）。在全球大约

2700家"隐形冠军"企业（在行业中排名前三、在所在大洲排名第一、销售额不到50亿欧元的公司），几乎有一半在德国。据估计，这些规模相对较小的公司创造了150万个新的就业机会，每年增长10%，每个员工注册的专利数量是大公司的5倍。几乎所有的企业都在2008年至2009年的经济大衰退中活了下来。

这种成功在很大程度上得益于德国的学徒制。德国目前拥有世界上较完善的学徒培训计划之一。学生可以从数百个工种中选择为期2至4年的学徒期，在此期间进行课堂教学和在职培训。培训人员的时间包括他们在课堂上花费的时间，都是有报酬的。每家公司的培训都是由联邦政府与雇主、教育工作者和工会代表合作制定的标准化职业简介（或称课程）规定的，为员工提供标准化的资格认证，使他们能够在不同公司之间流动。

这个故事对我们目前的困境有两个重大意义。第一个意义是，企业并不总是能认识到自己的最大利益所在。两次世界大战的灾难迫使德国商业精英与其员工建立了一种关系，许多现代美国经理人会不惜一切代价与之抗争，但这是建立世界上成功、平等的社会之一的制度体系的重要因素。在我看来，这凸显了使命导向型公司在发现新的工作方式方面可以发挥的关键作用。就像耐克公司在20世纪90年代对重新思考其与供应链关系的好处视而不见一样，许多公司依然对更广泛的社会和政治体系在其成功中发挥的关键作用充耳不闻。第二个意义就比较乏味，如果私营部门要在重建体制方面发挥核心作用，就需要强大的员工组织致力于在全国对话中发挥积极的政治作用。

幸运的是，有一些商业协会可以在国家和国际对话中发挥与德国的 BDI 和 BDA 同样的作用。英国工业联合会代表着超过 19 万家企业，美国商会代表 300 多万家企业。2017 年，花在美国国会的游说费用比其他任何单个组织都多。商业圆桌会议也可以作为一个重要的行动焦点。

从历史上看，无论是美国商会还是商业圆桌会议，都没有采取超出其会员切身利益的政治立场，商业圆桌会议的新声明也没有提到对美国社会的健康负有任何责任，但圆桌会议是第一个承认气候变化所带来的威胁的有企业广泛参与的商业组织。商会最近通过了关于气候变化的正式立场，承认气候变化的现实，并呼吁美国"拥抱技术和创新"，并"利用商业的力量"来应对气候变化。

商业领袖必须坚持解决全球变暖问题。这意味着要大力支持科学——现在有超过 70% 的美国人表示全球变暖"对他们个人影响很大"，但仍有 30% 的人否认全球变暖正在发生和人类应对此负责，而且这部分人在政治上仍然很强大。要解决这个问题，还需要大力推动设计合理、对企业友好的全球温室气体排放控制措施。如果商业圆桌会议和商会未能引领这一工作，那么建立另一家能够承担起这一重任的协会将是至关重要的。

在全球范围内，世界经济论坛（WEF）涵盖了"世界上 1000 家领先公司"，并自称是"公私合作的全球平台"。WEF 深入参与了旨在创造共享价值的项目，并在大量合作、公立或私营改革努力中发挥着主导作用。例如,"全球电池联盟"是一个全球合作平台,旨在"催化和加速行动,以建立一个对社会负责、环境可持续和创新的电池价值链";加强全球粮食系统的项目促进了多方利益相关方的对话,而"转型领袖网络"则让"150多位行动领袖和专家参与进来,跨地区和行业地交流知识、最佳做法和经验"。据我所知,世界经济论坛至今都没有采取任何可能被解释为政治行动的行动,事实上,它因未能审视造成我们目前面临的麻烦的结构性因素而受到严厉批评。但如果今天的高级商业领袖认为这样做很重要的话,它有资格和能力朝着这个方向迈进。

国际商会(ICC)不太引人注目,但有可能发挥更重要的作用。它是世界上最大的商业组织,代表100多个国家的4500多万家公司。它的主要任务是制定和执行国际商业的贸易规则,并经常在与世界贸易组织、联合国和二十国集团(G20)等全球机构的谈判中代表企业利益。国际商会正在资助一些旨在提高供应链可追溯性的有趣工作,并正式承诺"让企业部门充分参与可持续发展目标(SDG)的实施"。据我所知,至少在公开场合,国际商会远远地避开任何可能看起来像明确的政治行动的事情。例如,它可以坚称可持续性标准可以指导全球贸易实践,但原则上,国际商会有人脉和全球影响力,可以在建立一个更加可持续的全球体系中发挥核心作用。

人们很容易对私营部门在推动系统性变革方面能够发挥多大作用持怀疑态度。事实上,对德国经验的一种解释是,我们需要相当于一场世界大战来改变企业的态度。幸运的是，丹麦的经验表明，情况未必如此。

丹麦：企业应对国家的不足

伯尼·桑德斯对丹麦的拥护遭到了很多商界领袖的蔑视。它的经济是一个强烈亲商的体系，其中企业、劳工和政府紧密合作，在一个由私营部门支持的结构中维持经济增长。

在19世纪下半叶，丹麦这个国家遭受了许多创伤。1864年，丹麦在第二次普丹战争中输给了普鲁士和奥地利，失去了石勒苏益格公国和荷尔斯泰因公国，这些领土自12世纪以来一直处于丹麦的某种形式的控制之下。一连串这样的失败使丹麦成为一个贫穷的小国，再也无法追求大国的地位。

到了19世纪90年代，丹麦立法机构由丹麦右翼党（大农业和丹麦主要实业家之间不稳定的联盟）和社会民主党（工人阶级的政党）分庭抗礼。鉴于这种分裂，丹麦国王用丹麦右翼党的成员充实内阁，使保守派继续执政。1890年，社会民主党获得了相当多的席位，丹麦右翼党的成员担心（确实如此）他们自己很快就会成为少数派，于是开始寻找其他机制来维持自己的影响力。

事实证明，在将这场危机转化为成功的制度变革的过程中，一位商界领袖的创造力发挥了关键作用。1896年，尼尔斯·安德森，一位在建立共识方面具有特殊才华的国会议员和铁路企业家，率先成立了丹麦雇主联合会（DA）。他向同行们推销这个想法，认为这是一种在没有立法机构多数席位的情况下影响公共政策的手段（正如他所预料的那样，社会民主党在1901年的选举中大获全胜），也是一种通过统一企业的声音来实现行业和平的手段。他非常成功地实现了这两个目标。

DA击退了社会民主党提出的建立一个由税收资助的全民工人意外保险体系的建议，并成功地用一个由政府、雇主和劳工官员组成的委员会取代了它。意外保险不由税收资助，相反，雇主将选择自己的私人保险。这一成功说服了丹麦商界和丹麦政府，使他们认识到DA可以成为亲商政策改革的重要工具。

但安德森最重要的成功是证明了DA可以通过加强劳工运动来阻止劳工动乱。1897年，金属工业发生了罢工潮。DA成员已经同意，在罢工或停工期间，他们不会雇用其他DA成员的工人，这使DA在与工会打交道时有了统一战线，并说服了大多数丹麦企业加入该协会。接下来，该协会在雇主和劳工之间充当调解人，积极鼓励劳工更好地组织起来，并要求工会拒绝为没有加入DA的公司工作。DA通过谈判结束了罢工。1898年，在DA的积极协助和支持下，丹麦工会联合会（LO）成立。

两年后，钢铁行业爆发了一场为期3个月的大规模劳资冲突，被称为"大停工"。DA 和 LO 共同谈判达成了"九月妥协",建立了一个全国性的集体谈判制度。1907 年,国家赋予 DA 介入行业纠纷的权力,强化了 DA 作为最高雇主协会的职能,使协会在企业劳动关系谈判中发挥核心作用。

在接下来的 50 年里,劳工、企业和政府之间的合作越来越常态化,以至于到了 20 世纪 60 年代,丹麦的保守派们开始吹嘘自己为"福利国家的扩张迈出了决定性的一步"。20 世纪 70 年代和 80 年代,经济衰退和高失业率使丹麦福利国家制度面临财政压力,国家开始削减福利,并暂停将工资与物价挂钩。但作为回应,雇主和劳工达成了一系列双边协议,其中雇主增加了对培训的投资。20 世纪 90 年代,DA 在帮助设计一系列"积极的劳动力市场政策"(ALMP)方面发挥了核心作用,这些政策旨在使失业青年进入培训项目,并为他们提供工作岗位。DA 与 LO 密切合作来让工人支持 ALMP,并说服成员企业参与,促进政府与各企业之间的沟通,以确保其顺利实施。

丹麦现在是世界上相当成功的国家之一。它是世界上最低平均工资最高的国家之一——2015 年为每小时 16.35 美元,尽管它没有为最低工资立法。它的人均 GDP 高于加拿大、英国和法国,也是经合组织中收入不平等程度最低的国家,最富有的 10% 的丹麦人的收入仅是最贫穷的 10% 的 5.2 倍。丹麦人每年有 5 到 6 周的假期,还有长达 1 年的带薪产假/陪产假。

丹麦的政策制定是高度协作的,将政府、雇主和工会结合在一起，这一过程可以追溯到 100 多年前。这种做法使丹麦形成了一种独特的搭配——宽松的劳动法规（对企业有利）和强大的福利国家（对工人有利）。在这种模式下，企业可以轻松解雇工人，但国家通过福利和培训计划提供广泛的再就业支持。大约 80% 的劳动力受到某种形式的集体谈判协议的保护，失业保险为工人提供为期两年的 90% 的工资。政府、工会和企业精心制定的一系列政策，允许几乎所有员工参加带薪培训并学习新技能。这种组合使丹麦经济的灵活和平等程度无出其右，现在受到丹麦企业的热烈欢迎。

例如，2017 年，丹麦政府召开了一个"破坏委员会"，就丹麦应该如何应对数字技术对丹麦经济的加速影响提出建议。该理事会由首相担任主席，不仅包括 8 位部长，还包括 30 位来自丹麦社会各界的成员，包括首席执行官、社会伙伴、专家和企业家。它在四个领域起草了大量建议：教育和培训、新的劳动力市场机构、全球化及"生产力高且负责任的企业"。最后这一部分包括数字平台与其员工之间的第一个正式协议，确保该平台的用户有权获得养老金和假日津贴。

我们至少可以从丹麦的经验中汲取三点经验。第一个是提醒我们，包容性体制有能力推动繁荣。丹麦是一个自然资源并不丰富的小国，但其社会和政治体制却使它成为世界上最富有的国家之一。第二个是市场与国家之间互补的重要性。丹麦同时激烈地坚信自由市场的力量和政府在确保经济机会和社会福利方面的作用。事实上，国家医保与政府支持的广泛的工作再培训相结合，可以说增加了自由市场的力量和灵活性，因为通过降低离职固有的风险，它使雇员更容易更换职位和开创办新公司。

第三个教训是最关键的。丹麦的案例强调了在不颠覆政治体制的情况下，企业如何在制定政策方面发挥核心作用。企业是对话中一个重要和积极的声音，但它并不寻求控制进程或终点。它的第一要务是国家的健康，而不是眼前的财务回报。100多年来，这一信念一直是其成功的根本。

毛里求斯：一个特别难以置信的成功故事

最早在毛里求斯定居的是荷兰人。他们输入了第一批奴役人口，砍光了岛上的乌木树，并杀死了最后一只渡渡鸟。1721年，法国人到达。他们运入了更多的奴役人口，并开始大规模种植甘蔗。1814年，英国人控制了该岛，但他们只把它作为通往印度的一个中转站，依然把岛留给法国精英控制。1835年，奴隶制被废除，当地地主转而运入契约劳工。1834年至1910年，超过45万印度教徒和穆斯林印度国民抵达该岛。到1911年，该岛约36.9万人口中近70%是印裔毛里求斯人。

他们没有政治代表。英国人通过一个立法委员会管理该岛，委员会由少数民选成员和另一批由总督提名的成员组成。选举权仅限于富有的产权所有者（约占人口的2%），直到1926年才有第一批印裔毛里求斯人入选议会。

1937年，糖价下跌导致大范围的骚乱，4名抗议者被杀。第二年，英国人用武力镇压了一场总罢工。拥有甘蔗种植园的法裔毛里求斯人和在园中工作的印裔毛里求斯人之间的关系仍然十分紧张，进一步发展的前景似乎很渺茫。1962年，诺贝尔经济学奖得主詹姆斯·米德发表了一篇题为《毛里求斯：马尔萨斯经济学的案例研究》的文章。他在文章中指出，除非能够相当迅速地实行有效的计划生育，否则毛里求斯将面临"终极灾难"。

危机发生在1967年8月，当时英国人坚持以公开选举作为其独立的代价。这场选举的争夺十分激烈。毛里求斯劳工党（MLP）主要由印裔毛里求斯人组成，面对的是毛里求斯社会民主党（PDSD），这是一个由法裔毛里求斯糖业大亨和大量的克里奥尔人（大部分是被带到甘蔗园工作的被奴役者的后裔，讲法语）组成的松散联盟。

在这一事件中，MLP及其盟友最终获得了55%的选票，在62个席位中占据了39席。旧精英们深感失望。一位著名的法裔毛里求斯人企业家后来回忆说："1967年投票的那天晚上，加埃唐·杜瓦尔（PDSD的领导人）哭了。我很害怕。我想知道谁会来帮助毛里求斯人。"5个月后，就在正式宣布独立的6周前，克里奥尔人和穆斯林在首都路易港发生了暴力骚乱，造成29人死亡，数百人受伤。英国不得不出动军队来平定事端，近600间房屋被烧毁，有2000多人被捕。

　　MLP的领导人西沃萨古尔·拉姆古兰成了自由的毛里求斯的第一任总理，但这个国家似乎走在崩溃的边缘。面对类似的情况，肯尼亚新政府建立了一个一党制国家。坦桑尼亚将少数族裔所有的企业国有化。乌干达将少数族裔驱逐出境。拉姆古兰做了一些非常不同的事情。他联系了PDSD，建议他们共同组建一个民族团结的政府。

　　这是一个冒险的决定。拉姆古兰面对的是一个四分五裂的国家，以及一个依赖商业部门的脆弱的经济体系，而商业部门对他的动机深表怀疑。许多毛里求斯左派人士，包括许多重要的印度教知识分子，都支持将大种植园国有化。政府和企业之间没有合作的历史，而拉姆古兰所在政党的许多成员都宣称是马克思主义者，他们对与主宰经济的资本家之间达成任何和解都深感不安。农业部长萨特卡姆·布莱尔是拉姆古兰非常信任的同事之一，他告诉记者，他支持联合政府，但有一个条件：

> 我是一个社会主义者，对我来说，阶级斗争仍在继续：资本家对抗工人……然而，对我和其他人来说，国家的最高利益是第一位的。今天的利益是消除失业、饥饿、贫困。我的条件是，大型糖业雇主，即毛里求斯糖业生产者协会的团体，必须正式保证他们将雇用失业者，即自设立工资

委员会以来被解雇的人,并保证他们将启动其他项目。如果这个联盟能给大家带来工作,我就会支持它。

糖业大亨们决定合作。双方进行了两年的谈判,PDSD 才同意与 MLP 联合执政。这是一个真正的权力分享协议,PDSD 的关键人物控制了一些最重要的政府部委。简而言之,拉姆古兰承诺,如果糖业大亨们不仅帮助他实现岛上经济的多样化,还能支持他广泛分享发展的成果,他就会让他们继续发展。糖业大亨们同意尽其所能支持毛里求斯的发展,并保持高工资。

目前还不清楚究竟是什么原因让糖业大亨们与 MLP 合作。我只能从蛛丝马迹中寻找可能的答案。可能是因为这个岛足够小,而且其精英阶层通过共同的教育经历和社会关系紧密联系在一起,使得法裔毛里求斯人能够拥护对毛里求斯整体利益的追求。拉姆古兰是一个受过高等教育的人,他拥有伦敦大学的医学学位,长期参与毛里求斯的政治活动。有些说法认为,拉姆古兰与著名的法裔毛里求斯人克劳德·诺埃尔私交不错。诺埃尔是一位成功的企业家,他负责了 MLP 和 PDSD 之间的最初谈判。也许法裔毛里求斯人只是异常地有远见。毛里求斯人自己的说法和丹麦人非常相似,他们认为对话和妥协是"毛里求斯做事方式"的一个重要方面。

无论原因是什么,这个协议取得了巨大的成功。法裔毛里求斯知名人士开始积极投资于国际旅游业,还带头开发出口加工区(EPZs)——这一想法曾被地产界认为不切实际而拒绝。从 1971 年到 1975 年，出口加工区的出口每年增长 30% 以上，在使毛里求斯经济从糖业向多元化发展发挥了重要作用。

精英与穷人之间、讲法语的人与印度教徒之间的紧张关系一直延续到今天，但这种紧张关系始终限制在基本运作良好的体制内。选举是自由和公正的，并一直带来权力的交接，包括 1982 年移交给毛里求斯马克思主义政党"毛里求斯战斗运动"。司法独立，新闻自由活跃。即使在今天，岛上也至少有 9 份日报，包括《印度时报》《中华日报》《独立日报》《挑战报》《快报》《毛里求斯人报》和《社会主义报》。

人们普遍认为，这些体制及其背后的密切合作，在推动毛里求斯经济和社会实力的独特结合方面发挥了重要作用。毛里求斯在世界银行 2019 年发布的《营商环境报告》中排名第 25 位，在"世界经济自由度指数"中排名第 8 位。1970 年至 2009 年，实际 GDP 年均增长超过 5%。2018 年人均 GDP 为 9697 美元，次于波兰、土耳其和哥斯达黎加。1962 年至 2008 年，基尼系数从 0.50 降至 0.38（2013 年，美国的基尼系数为 0.41，德国为 0.31，丹麦的基尼系数为 0.29）；性别平等有所改善，贫困率从 40% 降至 11%。最近，在经合组织的"社会制度与性别指数"中，该国在 102 个国家中排名第 11 位；在"人类发展指数"中排名第 65 位，领先于墨西哥、巴西。

我们可以从毛里求斯的经验中学到什么？就像我在前面所宣称的那样，事实证明，即使当地社会不是种族同质化的，企业也可以帮助在欧洲以外建立包容性的制度。这个故事也描绘了经济利益与共同的正义感之间的微妙互动。在德国、丹麦和毛里求斯，强烈的自保意识让统治精英们同意了他们并不喜欢的制度安排——如果可以的话，他们几乎肯定会极力抵制。每一个案例都证明这样的安排非常成功，并产生了一种共同的命运感，让这些行为方式越来越被视为正确的方式、唯一的方式、显然的方式。

这种自利和共同的正义感之间的相互作用，是推动许多企业探索重塑商业的前四块拼图（共享价值、使命导向、重构金融和自我监管）的能量，也是我相信它们将越来越多地支持第五块拼图——建设包容性社会的原因。追求共享价值的使命导向型企业发现了新的商业模式，而这些模式在减少污染和不平等的同时，也指明了赚钱的方向。他们建立了真正致力于做正确事情的公司，并告诉全世界和他们的员工，他们致力于改变世界。然后他们发现，如果要履行自己的承诺，就需要政府的帮助。在世界各地，一批批热衷于改变世界的公司发现，仅有共享价值是不够的，自我监管不稳定，投资者的行动也不够迅速。他们发现，如果没有一个关心国家和人民福祉、运转良好且行事透明的政府的通力合作，许多环境问题就无法解决，在减少不平等方面的进展也微乎其微。使命导向型企业推动变革的努力是全球政治改革的火种。我们面前的形势与 1945 年的德国、1895 年的丹麦或 1967 年的毛里求斯所面临的一样严峻。

1971 年，后来成为美国最高法院大法官的刘易斯·鲍威尔在一篇广为流传的被称为"鲍威尔备忘录"的文章中断言，美国的经济体系正受到广泛的攻击。在那个时候，这项指控似乎是合理的。政府受欢迎且强大，年轻一代则积极挑战商业。鲍威尔认为，这种攻击需要进行政治斗争的动员："企业必须吸取教训……政治力量是必要的；必须不懈地培养这种力量；必要时，必须积极地、坚决地使用它——不要感到尴尬，也不要像典型的美国企业那样畏首畏尾。"此外，鲍威尔强调，组织将是成功的关键要素。"力量在于组织，在于认真地长期规划和执行，在于无限期地持续行动，在于只有通过共同努力才能获得的资金规模，在于只有通过联合行动和国家组织才能获得的政治力量。"

商业领袖们响应了这一号召，并在这个过程中以牺牲政府为代价，推动了对自由市场的支持，其程度之深导致了不平等现象的加剧，助长了当今世界面临的民粹主义巨龙。现在是时候采取一种新的方法了——像鲍威尔建议的那样，有组织、注重长期，但致力于实现非常不同的目标。

我经常与首席执行官和前首席执行官们交谈。他们大体上都有很好的价值观，都对世界的现状深感担忧，都明白这个体系的生存能力正面临风险。但是，其中的大多数人认为，对此做些什么并不是他们的工作。他们错了。重建我们的体制对于避免长期灾难和创造一个商业繁荣的世界至关重要。这对于建设一个公正和可持续发展的社会也是不可或缺的。现在是行动的时候了。我不知道这将会是什么样子，但一个可行的尝试已经开始。它叫作"领导力当下"（Leadership Now），由丹妮拉·巴卢-阿瑞斯负责。

在2016年大选后的几天里，丹妮拉·巴卢-阿瑞斯的职业和社交网络中有数十人联系了她。她拥有工程和战略咨询的背景，哈佛大学的 MBA 学位，以及令人艳羡的创业者履历——帮助达尔伯格咨询公司（Dalberg）从一个由 7 人组成的创业公司，发展成为一家在全球拥有 25 个办事处的战略咨询公司。（她后来说："我们当时太年轻，不适合创办战略咨询公司，但我们还是做了。"）但让她在大选后格外受追捧的原因是，她在过去 5 年里一直在政府工作，为美国国务卿提供咨询，寻求转变美国对外援助的方式，以及就可持续发展目标达成协议。这段经历偶尔会令人振奋，但也让她对美国的政治体制状况深感不安，同时让她忧虑的是她认识的商界人士很少有人关注这一点。用她的话说：

> 进入政府后的短短几个月，我就看出这个体制运转不灵。在白宫和美国国务院庄严的会议室里，我们就重要的政策和想法进行辩论。但越来越清楚的是，我们所谈论的大部分事情都没有办法落实——大部分想法都不可能通过国会，哪怕能通过也搞不定官僚体系，因为这套体制太过陈旧，无法推动改变。此外，考虑到选区重划愈演愈烈，有人开始操纵竞选财务，国会几乎没有动力去做任何事情。在奥巴马主政期间，国会基本上只通过了一项重要的立法——医保。

她觉得 2016 年的大选发人深省，于是她开始和一群商学院的朋友讨论能做些什么。她说：

> 当共和党获胜后，人们突然对政府产生了浓厚的兴趣，关心美国政府为什么会运转失灵，以及其中蕴含的风险。我们觉得我们有机会捕捉到这种恐惧和关注，并利用它让人们真正参与到修复失灵的行动中。我们知道，这不仅仅是民主党与共和党之争。人们会自问："我是否只是在给很多不同的组织捐钱？我支持候选人吗？我参加游行吗？我怎样才能真正产生影响？"

2017年，在华盛顿妇女游行的第二天，丹妮拉和一群志同道合的哈佛商学院同学组织了一次为期一天的会议，听取政界和非营利组织领导人的意见。他们花了6个月的时间与专家接触，进行分析，并用他们的网络测试一个新的政治项目的想法。2017年年中，他们成立了一个会员制组织，致力于"找到参与修复政治体制的长期项目的最有影响力的方式"。每个人都为"领导力当下"这个新组织的启动投入了一些资金。随着组织取得进展，丹妮拉辞去了Dalberg的工作，全职担任这个新组织的首席执行官。

"领导力当下"的目标是促成对美国的新承诺，并支持其成员——大多是商业人士，来履行这一承诺。该组织为成员提供学习、参与、投入时间和资源进行政治改革的机会，并主办演讲、系列晚宴和简报会，包括培养新的政治人才等各种主题，并提供最新的政治支出数据。它开发了一张"市场地图",描述了影响的资金和参与者的特点,并策划了一个"投资组合",这是一份为改革而奋斗的组织名单,成员们可以支持这些组织。它找到和自己有共同价值观的政治候选人,并将其推荐给成员。在2018年的中期选举中,它推荐的19名候选人中,有13人当选为国会议员——其中一半以上是女性,许多人拥有商业背景,所有人都致力于政治改革。它每年举行一次年会,会议期间,会员们聚在一起辩论战略,听取政客和政治专家的意见,并相互了解。该组织已经看到其成员对致力于体制改革的组织和候选人的捐款大幅增加。一切都是为了建立一个联系紧密、愿意长期合作,并可能成为政治改革的有效倡导者的社区。用丹妮拉的话说:

> 一切都围绕着责任和承诺。我们不仅仅是招人成为组织的成员,而且我们挑选的是那些表现出有决心参与改善法治,并且认识到这需要10年或更长时间的实际工作才能完成的人。

该组织目前有150名付费会员,在波士顿、休斯敦、纽约、洛杉矶、旧金山和华盛顿特区这6个城市设有办事处。它是明确的无党派组织。成员们认真承诺参与政治改革,并赞同该组织的目标,即致力于通过结束选区重划、确保选民参与和推行竞选财务改革来捍卫和更新法治,并坚信"事实和科学很重要"和"多元化是一种资产",以及关注国家和地球的长期健康的重要性。

当然,私营部门可以采取许多方式来支持世界各地包容性社会体制。事实上,我的邮箱里满是关于这些方面的初步计划和经过深思熟虑的尝试的消息。我希望在不久后,"领导力当下"将只是众多努力中的一个。

08

变革大潮中的浪花

寻找自己的改变世界之路

在坏的时代充满希望不仅仅是愚蠢的浪漫……人类历史不仅是一部残酷的历史,也是一部同情、牺牲、勇气、善良的历史。在这段复杂的历史中,我们选择强调什么将决定我们的生活。如果只是看到最坏的情况,就会摧毁我们行动的能力。如果我们记住人们有杰出表现的那些时间和地点,就给了我们行动的力量,至少有可能将这个如陀螺般旋转的世界推向不同的方向。如果我们真的行动起来,无论以多么微小的方式,我们都不必等待什么伟大的乌托邦的到来。未来是现在的无限延续,而按照我们认为人类应该生活的方式生活在当下,无视身边的一切坏事,这本身就是一个了不起的胜利。

——霍华德·津恩,《你无法在行进的火车上保持中立》,1994 年

个人的一小步,却是人类的一大步。

——尼尔·阿姆斯特朗

在这个重塑的世界里，如果你在企业工作，就职于一家高度承诺的公司，它深深扎根于共享价值，提供了很好的工作机会，并且理所当然地认为虽然盈利必不可少，但公司的首要目标应该是创造价值，而不是不计代价地赚钱。每个人都有一个共识，就是要平衡短期回报与公共利益和企业的长期潜力。那些否认气候变化的现实、虐待员工，积极支持腐败的企业，会受到同行的回避和投资者的惩罚。

跨行业的灵活、合作的协议确保每个组织都遵守共同的标准，从而有力地激励每个人竞争向上。消费者拒绝从投机取巧的公司购买产品。未来的员工会定期查看他们考虑加入的公司的环境和社会排名，由于你的公司在解决几个重要问题方面处于领先地位，它已经成为吸引人才的磁石。你和其他同事能够发展出新的机制，通过这些机制，不仅在你的公司内部，而且在整个行业内都能表达出强有力的集体声音。这种声音被视为对社会和自由市场长期健康发展的重要贡献而受到欢迎。

只要有可能，你的公司就会与政府密切合作，在公开的公共论坛上合作，设计灵活的政策，最大限度地促进经济增长，同时控制污染，并增强更广泛的社会与体制的健康。你的公司尽其所能地支持体制改革，支持提高税收，抑制腐败，并在任何可能的时间和地点充分实现社会文明。

公众的对话是相互尊重的，以事实为基础且异常活跃的。各地政府在可能的情况下以市场政策控制环境恶化，否则将使用直接监管来进行控制，并投资于保持社会强大和市场真正自由和公平的公共产品。随着越来越多的企业对这些激励措施做出响应，专注于转变其商业模式，以创造优秀的岗位，最大限度地减少对环境的破坏，并创造支持可持续的公平世界所需的产品和服务，气候变化正在减缓，不平等程度正在降低，经济增长继续保持强劲。

一旦商界承诺转向无碳能源，进展的速度就比任何人的预期都要快得多。经合组织国家有望在2050年之前实现电网去碳化，而非洲、中国、印度和巴西正在建设的新产能绝大多数是无碳的。农业生产方式已被改变。为确保公平分担这些变革成本而做出的坚定承诺，在对受影响最大的人进行再培训和重新安置方面大量投资。

人们普遍认识到，世界的和平与安全有赖于让每个人都有能力参与自由市场，这不仅带来了对教育和卫生的大量投资，而且还促使公私伙伴关系的大规模扩展，旨在强有力的社会支持下促进创业和新企业发展。公共和私人投资都越来越关注那85%每天生活费不足8美元的人，以及在不破坏生物圈的情况下，提高他们的生活水平所带来的那些具有挑战性但又令人兴奋和有利可图的机会。

看到这里你可能会想，我肯定是那些关于使命感的"迷魂汤"喝多了。但如果我们决定重塑商业社会，我们就能做到。我们这些在现行体制下表现良好的人，可能恰恰最不容易看到变化会有多快。例如，在20世纪60年代初，当一位南非心理学家让一群学生预测南非的政治将如何发展时，大约有65%的非洲黑人和80%的印度裔预测种族隔离制度将结束，但只有4%的南非白人做出了同样的预测。

我想我们完全有可能把一切搞得一团糟。但正如你从序言中看到的那样，我是充满希望的。我认为我们也完全有可能扭转乾坤。我们有头脑、技术和资源来建立一个公正和可持续发展的世界——在此过程中创造巨大的经济增长。

人类已经完成了比这困难得多的事情。1800年，85%的人类生活在极端贫困中，而到2018年只有9%。在1800年，超过40%的儿童在过5岁生日前死去。而现在，每26人中只有1人会在这么小的时候夭折。我父亲出生于1935年，在他的一生中，世界人口从约23亿增加到约77亿，增加了2倍多。但与此同时，世界GDP增长了15倍，人均GDP从约3000美元增加到近1.5万美元。这笔钱足以满足地球上所有人类幸福的核心要求：有足够的食物、体面的住所和人身安全。

我们的祖先不会想到我们今天会如此和平和包容。1800年，奴隶制几乎在所有地方都是合法的，妇女没有投票权。现在，强迫劳动只在三个国家是合法的，妇女可以在任何有投票权的地方投票。

1800年，几乎没有人生活在民主国家。现在，有一半以上的人生活在民主国家；几乎每个孩子都接受了某种形式的初等教育；世界上86%的人口拥有读写能力。年轻人更有可能相信气候变化是一个直接的威胁，支持跨种族和同性婚姻及女性权利，而支持民粹主义领导人的可能性比他们的父母低得多。我们消灭了天花，登上了月球，发明了互联网、人工智能和手机。我们在培养皿中造出了心脏，并将光伏组件的平均价格减少到1%。

12万亿美元的机会

最重要的是，拯救世界有一个很好的商业理由。实现联合国的可持续发展目标是一个价值12万亿美元的机会。可再生能源如今是一个超过1.5万亿美元的行业，2017年生产了全球26.5%的电力，占所有新发电量的70%。这样的数字使可再生能源成为创造就业的机器。现在有超过300万美国人在清洁能源行业工作，是化石燃料行业就业人数的3倍多。提高能源使用效率可以创造数千家新公司和数百万个新工作岗位，并将世界能源需求减少50%。

从牛肉转向猪肉或鸡肉等白肉，每年可减少1万亿美元的卫生成本，显著降低温室气体排放，并大大减少寻找新农业用地的压力。

植物源性食品（Plant-based food）现在是一个45亿美元的生意，到2030年可能成为一个850亿美元的产业。在同样面积的土地上，荷兰、德国和英国的小麦种植者获得的收成是俄罗斯、西班牙和罗马尼亚农民的4倍多。非洲大部分地区的产量甚至更低。粮食产量翻两番或许有些不切实际，但一些试点项目表明，即使在气候压力下，产量翻番也是完全有可能的。全球生产的所有粮食中，约有三分之一在供应链中因虫害、变质或消费者的浪费而损失。只要阻止这种损失的四分之一，每年就可以多养活近10亿人，节省近25万亿美元，并显著减少全球温室气体排放。

这些都是庞大的数字。在老百姓眼中，它们是巨大的经济机会：成百上千项尝试可以创造数百万个新的就业机会。

变革大潮中的浪花

"我能做什么？"这是我最常被问到的问题，当然也是最重要的问题。人们很容易掉进这样的陷阱，认为只有英雄（和巾帼英雄）才能改变世界。当我们讲述民权运动的故事时，我们谈论的是马丁·路德·金和罗莎·帕克斯；当我们谈论新政时，我们谈论的是富兰克林·罗斯福。50年后，当历史学家书写我们如何解决全球变暖、大幅降低不平等、重塑体制的历史时,他们会关注几个关键事件——也许是在冬天,三场超级风暴袭击了美国东海岸,使解决全球变暖问题成为完全的跨党派优先事项;或是在夏天,整个非洲歉收,迫使数百万人北上欧洲,使人们清楚地认识到,地球上的每个人都必须获得养活自己所需的工具。也许他们会讲述首席执行官领导联盟帮助谈判达成全球劳工协议的故事,或是讲述使无视气候变化问题在政治上变得不可能的社会运动领导人的故事。

但这种关注反映了我们的思维结构和现代传播的本质,而不是变革实际发生的方式。我们用故事来理解世界上嘈杂、混乱、复杂的现实,而故事需要主人公——一个我们可以认同和支持的个体。

现实世界并不是这样的。有效的领导人会发现周围喷涌的变革浪潮并屹立潮头。马丁·路德·金并没有创造民权运动。它是由成千上万的非裔美国人及其盟友通过数十年的努力发展起来的,每个人都在做着危险而艰难的工作——为变革挺身而出。罗莎·帕克斯并不是仅仅在某个晚上决定坐在自己的座位上的孤胆女侠,她是一位坚定的民权工作者,她当晚的决定是在与一个经验丰富的女性活动家网络密切合作下做出的。纳尔逊·曼德拉并没有单枪匹马地结束南非的种族隔离制度,他是在数千人参与、数百人死亡的50年的斗争基础上做到的。

还记得埃里克·奥斯蒙森吗?这位首席执行官把一家腐败的废弃物收集公司变成了回收领域的领导者。每当他来到我的课堂上时,他都会先说,这不是关于他自己的。相反,他坚持认为,关键在于与他一起工作的人，这些人愿意做实际工作——通常是枯燥的清理废弃物行业的日常工作。媒体说变革是戏剧性的，由个人推动，并在几分钟内完成。但真正的改变是在一次次会议中发生的。还记得米歇尔·莱恩塞吗？一个做着基础工作的员工，他的名字很少出现在媒体上，但他在立顿率先尝试了可持续发展的茶叶，向人们展示了这不但是可能的还是有利可图的，同时也让首席执行官有理由相信，他可以在增加联合利华销售额的同时，将其环境足迹减少一半。当索菲亚·门德尔松进入捷蓝航空时，她的工作是设计一个回收项目。但她不厌其烦地与每个人见面，寻求了解关注可持续发展对公司整体的帮助，并试图确保她所做的每一件事都能为她的某个同事解决一个问题。在短短几年内，她就带领公司在衡量和管理方式上做出了重大转变。

你是至关重要的，你可以做很多事情，让我一件件来说。

改变现状的六个步骤

发现你的使命。你所珍视的是什么？你愿意为之奋斗的是什么？你最看重的是什么？无论你选择做什么，都要确保它与你内心深处的自我相一致。令我惊讶的是，我所遇到的使命导向型领导者往往深深地扎根于信仰传统或精神实践。

通往目标的另一条途径是反思我们当前时代的问题是如何对你的生活产生影响的。也许有一个你爱的地方，已经失去了或是被摧毁了。也许你在恶劣的环境中长大，看到一些朋友受到伤害或死亡。也许你的家庭曾遇到疾病或歧视。我们中的很多人都是破碎的，在这个世界严重的破碎中，我们听到了自己的伤害和损失的回声。我们成为治疗者，以解决我们和他人的创伤。

有些人是为了自己的孩子而战，有些人仅仅是出于强烈的正义感。如果你对自己要为之奋斗的目标和理由还没有明确的意识，请花点儿时间独自或与他人一起努力学习更多。推动变革是一项艰苦的工作，如果你不想身心耗竭，就需要内心的火焰来支持它。

现在就行动起来吧。决定少坐飞机或开车，或尽量只从善待员工的公司买东西。为你的房子做隔热处理，在屋顶上安装太阳能电池板（如果可能的话），或是从绿色能源供应商购买电力。计算你的碳足迹，估计你所造成的损失，如果你能负担得起，承诺抵消这些损失。迈出第一步，你就会走得更远。做一些哪怕是稍微超出舒适区的事情，都会改变你对自己的看法。哪怕做出一些很小的牺牲，也会帮助你说服自己，你可以做出一些改变，你的声音很重要。

由于我们是社会性灵长类动物，你的行为将有助于说服他人改变自己的行为。例如，在一项调查中，有一半的受访者表示，在知道有人因气候变化而放弃乘坐飞机后，减少了自己乘飞机的次数。在餐厅吃饭的人如果被告知 30% 的美国人最近决定少吃肉，那么他们订购无肉午餐的可能性是原来的2倍。邻近地区中，每有一户人家安装太阳能电池板，其他人购买太阳能电池板的概率就会上升。

找到和你有共同目标的人，和他们待在一起。你无法独自拯救世界。我甚至无法说服我的丈夫在每次离开房间时都关灯（他正在改进）。我们都需要盟友，一方面是因为人多力量大，另一方面是因为没有比与他人一起努力推动变革能更好地克服绝望了。人们加入减肥俱乐部这样的支持团体后更有可能减肥，加入匿名戒酒会后更有可能保持清醒，这并非偶然。成立一个读书俱乐部，举办一系列的晚宴，加入一个你坚信其目标并愿意积极支持其工作的非营利组织。每一个重大的政治和社会运动都是由那些愿意做艰苦工作的人推动的，他们在要求改变的过程中相互支持。

把你的价值观带到工作中，或者带着不同的愿景创办一家新公司。我在许多会议上见到过，一家资金薄弱却充满激情的初创公司带来的威胁，成为说服一家规模大得多的公司接受变革的关键论据。罗宾·蔡斯的小型创业公司Zipcar改变了我们对汽车所有权的看法。像第一太阳能（First Solar）和布鲁姆能源（Bloom Energy）这样的初创公司让成千上万的人相信，在可再生能源和节能领域赚钱是可能的，这有助于开创全新的行业。

你不一定非得成为首席执行官才能推动变革。如果你在一家大型企业工作，你可以成为一个以价值观为导向的"内部创业者"——看到变革的机会并围绕它建立一个团队。选择一个问题：更换灯泡？降低供应链的风险？通过重组工作和使公司的使命更加明确来提高生产力？然后找一些朋友并努力去做。每一个成功的变革都来自一个示范项目，做出这个示范。不久后的某一天，有人会走进你的办公室，问你是否有必要清理供应链、给员工加薪或是给每个人放假一天去投票。提出问题或作分析，将公司推向正确的方向。知道能做什么的几乎总是亲临现场的人，而不是坐在角落办公室里的人。

如果你是一个顾问，推动你的客户思考那些大问题所代表的风险和机遇，成为改变他们思考世界方式的催化剂。如果你是会计，也要做同样的事情。

帮助重新连接资本市场。为影响力投资者、家族理财办公室、风险投资家或私募股权公司工作，因为他们知道拯救世界可以赚很多钱。雷·罗思罗克是一位在文洛克创投（Venrock Ventures）工作的老朋友，他帮助筹集了数亿美元资金，资助一家名为三阿尔法能源（Tri Alpha Energy）的公司，该公司正在开发一种基于核聚变的技术，可以提供具有商业竞争力的基荷电力。

为非政府组织工作，刺激企业像绿色和平组织那样改变，或是像Proforest[1]或聚贤社基金会（Leaders' Quest）这样的组织帮助他们了解如何去做。迈克尔·佩克创立了"一员工一票"，支持全美范围内的工人所有的合作社。萨拉·霍洛威茨创立了自由职业者联盟

---

[1] Proforest是一个与大型公司合作的非政府组织，帮助它们过渡到负责任的农林业生产和采购。

（Freelancers Union），筹集了1700万美元，为她的40多万名会员启动了一个保险项目，并为改善薪酬和条款而斗争。奈杰尔·托平负责全球商业气候联盟（We Mean Business），一个由7个国际非营利组织组成的联盟，这些组织正在共同努力，推动企业采取行动应对气候变化。

在政府工作。如果不重建对各级政府的信任，我们就走不远。那些聪明能干的人明白，企业可以成为解决方案的一部分，但外部因素需要适当定价，而且如果整个社会要繁荣，企业的力量需要与社会的力量相平衡，他们将是实现这一目标的绝对核心。

关注政治。我知道，这个想法可能让人望而生畏，但这是绝对必要的。从别人的例子中可以获得勇气。请记住丹妮拉·巴卢－阿瑞斯在短短几年内所取得的成就。前段时间，我和凯尔茜·沃思一起喝茶，她是我的一位热衷于解决全球变暖问题的老朋友。我们抱怨美国政客们解决这一问题的行动是多么缓慢，并一致认为，找到一种方法来加大公众压力绝对是至关重要的。凯尔茜猜想，动员母亲可能很关键，因为母亲们几乎愿意做任何事情来照顾他们的孩子。我在喝完茶后愉快地抱怨了一番就离开了。但是，凯尔茜和一小群妈妈一起创立了"妈妈站出来"（Mothers Out Front）组织，该组织现在有超过1.9万名母亲，并在9个州设有团队。该组织通过个人会议、家庭聚会和社区会议的形式，让母亲们深入参与，并以有效的方式支持她们成为政治活跃分子。

例如，在马萨诸塞州，目前有超过2.3万处的天然气泄漏点。天然气是甲烷——一种温室气体，它吸收的热量是二氧化碳的86倍。在马萨诸塞州的温室气体排放中，有10%是由于甲烷造成的，更糟糕的是，损失的天然气每年至少要花费消费者9000万美元。一群来自"妈妈站出来"的母亲决心要把这些泄漏问题解决。该组织的成员与活动家、市议员和州议员会面，推动立法来解决这个问题。他们说服了波士顿市议会的一位关键成员，安排了一次听证会，讨论市议会是否应该采取行动，要求改革的坚定的母亲们参加了听证会。她们威胁马萨诸塞州的一家大型公用事业公司，要发动一场社交媒体的"超级风暴"。到2016年年底，马萨诸塞州37个城镇通过了支持新立法的决议，马萨诸塞州立法机构最近通过了一项能源法案，其中包括"妈妈站出来"一直在争取的许多关键条款。

政客们告诉凯尔茜，他们从来没有听到过绝大多数选民的意见，而当20个非常坚定、能言善辩的人不仅来参加一项法案的第一次听证会，而且还来参加之后的每一次听证会时，他们出人意料地愿意被说服。我遇到的参加了这个小组的女性告诉我，这是她们一生中最美好的事情之一。她们喜欢认识其他母亲，她们享受这种造就改变的感觉。最重要的是，她们知道自己正在为确保自己的孩子继承一个可持续发展的世界而努力。

找到一个对你有意义的政治活动团体，并加入他们。推动选民登记、气候税或生活工资。在社区工作的经验告诉我们，组织是任何一个社会变革的基础原则。我们需要学会如何将一个目标拆分开来，让合适的人负责每个部分并开展斗争，直到取得解决方案。人们会告诉你,太迟了,或是这永远不会成功,或是事情永远不会改变。但永远不会太迟,事情总是会变得更糟。一个升温6℃而不是2℃的世界将是灾难性的。变化是缓慢的,直到它变得迅速。山崩刚开始看起来不过是一些小石子在移动,直到整个山坡突然消失。

照顾好自己,记得寻找快乐。不要以是否拯救世界来判断你的成功,我们谁也做不到。这个星球上有近80亿美好的、惊人的、偶尔会制造疯狂的人类。我们每个人都只能做自己能做的事。

你知道一个年轻女孩的故事吗?她看到海滩上布满了成千上万只搁浅的海星,就把它们一个个扔回海里。她的朋友嘲笑她说:"你在干什么?看看这个海滩,你无法拯救所有的海星,你做这些根本就没有什么意义!"女孩停了一会儿,想了想,然后俯身又捡起一只海星。"你说的那个我不知道,"她回答说,"但我知道这对这只海星有意义。"

你不需要独自改变现代公司的结构才算有所作为。如果你能让一家公司的一小部分变成更好的工作场所,你就会改变别人的生活。

我知道这很难,我知道有多容易绝望。我的工作就是读各种坏消息,有时真的不愿意起床。但大多数时候,这项工作让我充满了快乐。我和我的爱人结婚了,这对我帮助很大,但我也有机会发展出一种思考自己在这个世界上所扮演的角色的方式,这让我在想逃避的时候还能坚持下去。

我的第一任丈夫名叫约翰·修兹劳,他出生在新泽西州的贫民区。他的父亲是一名铁路售票员,母亲是家庭主妇。他通过自己的聪明才智和努力工作，成为哈佛大学的天文学教授，每年有多达200个夜晚用世界上最大的望远镜进行观测。他很擅长他的工作，有一个星系以他的名字命名为"修兹劳透镜"。他和两位合作者一起绘制了一张它附近的宇宙的地图，揭示了一个长6亿光年、宽2.5亿光年的星系"长城"。这是有史以来发现的最大的宇宙结构之一，改变了天文学的面貌。天文学家一直认为，如果他们把目光投向银河系之外，星系大致会均匀分布在宇宙中。但约翰的地图显示，这些星系被约束在围绕着几百万光年宽的巨大空洞的庞大片层中。这一发现登上了《纽约时报》的头版，并为当前基于暗物质的宇宙观奠定了基础。约翰成了20世纪被引用最多的天文学家之一。

1991年，当我们第一次约会时，我对这一切完全不知情。他只是一个别人介绍给我的人。因为我们都是学者，我问他发表了多少篇论文。他犹豫了一下，说大概有300篇。当时我大概发表了6篇论文，所以我不得不抑制住想跳起来逃跑的强烈冲动。但1年后我们就结婚了，那时他44岁。他喜欢户外运动，尤其是徒步旅行和皮划艇。在我们结婚3年后，我们的儿子哈里出生了。约翰没有想到自己会结婚，更不用说有儿子了，他深深地爱着哈里。有些父亲对自己的孩子怀有矛盾的情绪。据我所知，约翰从来没有这样过。我们每周五晚上一起看电影。我们用小乐高模型"贿赂"哈里，让他爬上新罕布什尔州的山。我们一起做巧克力饼干和芝士蛋糕，一起大笑着坐在那里什么也不做。

约翰成为美国天文学协会的主席，并在2006年率领代表团前往布拉格，正式提出将冥王星从行星中除名的建议。哈里当时也在房间里。2009年，约翰是去罗马会见教皇的小组成员之一——自从伽利略事件之后，天主教的高层就热衷于展示他们对天文学的支持。约翰是出生在波兰的天主教徒，他很高兴有机会和教皇讲话。2010年10月，我们参加了我在哈佛商学院的第25届同学聚会。我还记得那天晚上我有多高兴。当时我刚刚从麻省理工学院来到哈佛商学院，非常享受这里的生活，我们的儿子刚刚进入高中，正在茁壮成长，我也沉醉在爱情中。我记得当时我在想，就是这样了。这就是我们俩这么多年来努力奋斗的目标。我以为我们已经让生活尽在掌控。

5天后，距离我50岁生日还有3周，我出差回到家，发现约翰躺在地上。我还以为他在逗猫。当他一动不动时，我打了911，对着接电话的人大喊，叫他们马上派救护车来，这样他们就能治好他，叫醒他，做点儿什么……当我在医院找到他时，在经历了比任何梦境都要超现实的噩梦之后，他已经离开了。我握着他的手。3天后我们把他安葬了，哈利当时只有14岁。

失去约翰是我一生中经历过的最艰难的事情之一。平凡的生活就像是一场背叛。约翰去世后，我怎么能做像去杂货店这样的事情？我们家温暖而紧密的圈子被炸碎了。我觉得自己好像从住在被家人和朋友环绕的漂亮房子里，变成了待在倾盆大雨中的荒野上的一个简易帐篷里。悲伤席卷了我——我至少有一年的时间几乎每天都在哭。我羡慕那些仍有伴侣、仍有完整家庭的人。

但我学到了。我明白了我没有给予足够的关注。一个热情、幽默、善良的男人与我分享了他的生活，而我却花了太多的时间担心他是否会倒垃圾。所有的欢笑和爱都消失了，我没有珍惜每一个瞬间，我明白了有太多的爱心和关怀我没有意识到。在我几乎说不出话的时候，我之前不怎么熟悉的人开车穿过整座城市来给我送意大利宽面。那感觉就像世界在我脚下坍塌的时候，像是有数百只手伸出来接住我。

我明白了还有很多更糟糕的事情一直都在发生。在葬礼结束几周后，哈里一个同学的母亲在停车场拦住了我，对我表示慰问。然后她说她正在办离婚，因为她的丈夫已经打了她15年。一位同事告诉我，他6岁时就失去了父亲。另一个人提到他失去了一个孩子。

我明白了并不是死亡才是悲剧，不能活下去也是悲剧。每个人都会死，但不是每个人都能活下来。约翰全心投入生活中，他曾有一次飞到加州，试图说服一个高中班级学习更多的科学课程。他曾在圣诞节前一周飞往墨西哥，帮助一个研究生完成她的论文。在这个很多人守口如瓶的世界里，约翰把他的数据（和时间）送给了每一个提出要求的人。他以一种强烈的热情爱着我们的儿子，这种热情一直伴随着哈里。哈里经常说他拥有父亲的方式是他的许多朋友没有的。他从事世界一流的科学工作，但从不纠结于自己是谁或做过什么。他沉浸于世界的美。他愿意去任何地方、做任何事情，尤其是当这意味着要在雨中拖着二十几千克（50磅）重的装备上山时。据我所知，他从不关心金钱或地位。他想做伟大的科学研究，支持他的学生和任何需要他帮助的人,并热爱自然和他的家庭。他奉献了自己。在他葬礼的前一天,我看到了他——我至今不知道那是一场梦还是幻觉。他沿着一条路向远山走去,回头朝我笑了笑。"在森林和雨中找我。"他说,然后走向远方。

当人们问我是什么让我坚持下去的时候,我告诉他们我是一个佛教徒。佛教有好消息,也有坏消息。好消息是,我们不会死。坏消息是,这是因为我们不存在。我相信,你完全可以把它解释成一种形而上学的信仰,尽管我相信这也是一个物理事实——我们并不像我们所认为的那样"真实"。我们是一束非常小的粒子,暂时形成了能量流转的结构。我们认为自己是分立的,我们认为自己是存在的,但我们是宇宙正在唱的辉煌的歌,但歌声总有终结。我们所能做的就是尽力去唱。

我们目前困境的根源是恐惧和分离,我们担心我们永远都不足。我们觉得自己是独立和孤独的,但并非如此。我不能告诉你,试图解决这个时代的重大问题会让你变得富有或出名——尽管它可能会。我可以说的是,你一路上会有很好的伙伴,你会感受到意想不到的希望和绝望,到头来,你会在临死时知道自己活得很充实。

亨利·戴维·梭罗曾经说过:"大多数男人(和女人)都过着一种平静的绝望生活,他们心中的歌和他们一起埋入坟墓。"但你不必如此,真的不必。

― 致谢 ―

这本书我已经酝酿了 10 多年，我要感谢很多人。在麻省理工学院，约翰·斯特曼是第一个让我相信商业可以改变世界的人；鲍勃·吉本斯使我清楚地思考是什么让组织运转起来；而纳尔逊·雷佩宁则让我明白，这一切都与做出选择有关。在哈佛商学院，卡尔提克·拉曼纳和克莱顿·罗斯是杰出的思想伙伴，他们共同构筑了这本书的核心思想。

乔·拉斯特、迈克·托弗尔、福里斯特·莱恩哈特、珍妮弗·纳什、约翰·麦康柏和迪克·维托促使我专注于气候变化和商业的现实问题；保罗·希利和谢乃何则帮助我思考领导力和道德之间的交集；迈克·比尔和迈斯·艾森哈特向我展示了使命导向型商业是当下的现实；简·纳尔逊和约翰·鲁吉解释了公私合作伙伴关系和全球体制的重要性。

在哈佛商学院之外，戴维·莫斯、理查德·洛克和路易吉·津加莱斯不断为学界提供如何塑造实践的灵感。在我访问哥伦比亚商学院时，布鲁斯·科格特接待了我，这是非常宝贵的机会。马歇尔·甘兹教给我关于叙事和组织的知识，并不断提醒我，重塑政府与重塑商业一样重要。扬尼斯·约安努帮助我系统地思考使命和财务绩效。萨拉·卡普兰给了我说出真实想法的勇气。乔舒亚·甘斯从未放弃相信架构创新的重要性。拉金德拉·西索迪亚、卡罗尔·桑福德、凯特琳·考弗尔和奥托·沙尔默不断提醒我，心灵和头脑一样重要。

玛丽安娜·奥斯奎拉·罗德里格斯和托尼提供了宝贵的研究协助，托尼所涉及的领域超出了我想象的极限。玛丽安娜有着圣人般的耐心和爱迪生般的职业道德。感谢他们帮助我最终完成书稿。杰茜卡·茜弗、凯特·艾萨克斯、卡琳·克努普、阿姆拉姆·米格德尔、奥尔多·塞西亚、吉姆·韦伯和尤涵迅都是非常出色的合作伙伴，帮我整理了很多案例。艾略特·斯托勒和克里斯·伊格林帮助我通过千禧一代截然不同的视角来看待世界。

我的学生们向我展示了一切皆有可能。我特别感谢瑞安·艾利斯、切尔西·班克斯、鲁兹瓦纳·巴舍、卢卡斯·鲍姆加特纳、奥丽尔·卡鲁、霍华德·菲舍尔、迪奥戈·弗莱雷、凯西·杰拉尔德、帕特里克·伊达尔戈、阿曼·库马尔、萨姆·拉扎勒斯、克雷格·马修斯、斯姆里提·米什拉、艾利森、欧门斯、保利娜·庞斯、德利昂、罗伯特·普尔、安妮·普拉特、普雷姆·拉马斯瓦米、卡迈克尔·罗伯茨、亚当·西格尔、孙多吉、蔡亨利和布雷恩·汤姆林森。

这本书建立在所有商界人士的肩膀上，他们向我展示了商业可以重新被想象。很遗憾我无法在这里一一列举他们的名字。我的案例中的主人公们给了我无尽的帮助和鼓舞。我现在且永远感谢彼得·布卢姆、卡伦·科尔伯格、拉尔夫·卡尔顿、苏珊娜·麦克道尔、马克·贝托里尼、斯坦·伯格曼、埃里克·奥斯蒙森、雷尼尔·英达尔、米歇尔·莱恩塞、费克·西贝斯马和水野弘道。

保罗·波尔曼让我看到，我们既可以满腔热情地解决世界问题，又可以成为价值数十亿美元公司非常成功、注重细节的领导者。我会看着他们尝试做那些不可能的事情。董明伦和凯瑟琳·麦克劳林给了我希望。乔恩·艾尔斯让我看到，即使是一个对股东价值充满热情的倡导者，也能接受共享价值的重要性。劳伦·布克-艾伦、鲍勃·查普曼、凯瑟琳·康诺利、苏·加拉德、迪克·古切纳尔、黛安娜·普罗佩尔、德卡里洪、凯文·拉比诺维奇、乔纳森·罗斯、亚瑟·西格尔、卡特·威廉姆斯、安德鲁·温斯顿和休·韦尔什向我展示了激情的承诺是如何推动实地的变革的。我在非营利组织领域的朋友们也让我受益匪浅，包括克雷格·阿尔特姆斯、希瑟·布希、明迪·拉伯、林赛·莱文、迈克尔·佩克、比尔·夏普、马克·特塞克、奈杰尔·托平和朱迪·塞缪尔森。

我的经纪人丹尼尔·斯特恩花了很大的力气为这本书找到了合适的出版公司，一个了不起的团队帮助我完成了这本书的出版和营销。我要感谢梅尔·布莱克、安德鲁·德西奥、特蕾莎·迪德里希、林赛·弗拉德科夫、马克·福蒂尔、杰米·莱费尔、丹·马西、克莱尔·斯特里特和布莱恩·沃里纳。莎琪亚·阿敏是一位出色的文字编辑。

我最想感谢的两个人已经不在了。我的父亲曼戈·亨德森，在本书完成前不到一年时去世了；几个月后，约翰·麦克阿瑟院长（我在哈佛的教席就是以他的名字命名的）也去世了。他们两个人对这个项目都有些疑惑，但都给予了我完全的支持和爱护。我非常想念他们，真希望他们能在生前看到本书的完成。

我的家人和朋友对我投入在这本书中的精力和努力，给予了无限耐心。感谢斯蒂芬妮·康纳，她提醒我任何读者都可能随时放下书去看奈飞，也感谢萨拉·斯劳特、琳达·乌格洛、恩德雷·约巴吉、萨拉·罗布森、塔姆林·诺尔、我的母亲玛丽娜·亨德森、我的弟弟卡斯珀·亨德森和我的儿子哈里·修兹劳。史蒂文·霍尔兹曼和安德鲁·舒勒特阅读了早期的草稿，并给了我非常有帮助的意见。感谢吉姆·斯通，给了我所需要的温和的压力。

此外，还要感谢三个人，没有他们，这本书就不会存在。约翰·马哈尼，我的编辑，他从一开始就相信这本书，并花了无数的时间来修改。乔治·塞拉菲姆，我在过去五年里教授商业课程的合作伙伴，他比我见过的任何人都更努力、更有成效，他推动着我完成这本书。乔治，如果有人能单枪匹马地改变世界，那就是他。还有我的丈夫吉姆·莫罗内，他让我知道这一切是可以做到的，在看似不可能的时候鼓励我，并提醒我享受世界的纯粹之美和生活的乐趣。